新手开公司实战指南

宁寿辉 赵晶晶 编著

中国商业出版社

图书在版编目（CIP）数据

新手开公司实战指南 / 宁寿辉，赵晶晶编著．— 北京：中国商业出版社，2022.6（2024.9重印）
ISBN 978-7-5208-2056-1

Ⅰ. ①新… Ⅱ. ①宁… ②赵… Ⅲ. ①公司－企业管理－指南 Ⅳ. ① F276.6-62

中国版本图书馆 CIP 数据核字（2022）第 092709 号

责任编辑：黄世嘉

中国商业出版社出版发行

（www.zgsycb.com　100053　北京广安门内报国寺1号）
总编室：010-63180647　编辑室：010-63033100
发行部：010-83120835/8286
新华书店经销
北京虎彩文化传播有限公司印刷

*

710毫米×1000毫米　16开　15.75印张　225千字
2022年6月第1版　2024年9月第3次印刷
定价：50.00元

*　*　*　*

（如有印装质量问题可更换）

序 言

你好，创业者。

你可能是第一次创业，或是正在犹豫着要不要开公司；也许你是一名资深创业者，想要系统地探讨公司的本质。那么，恭喜你，本书就是为你准备的。

你在开公司之前也许是销售、产品、市场、技术等某一领域的工作者，但你必须认清一点，开公司以后，事情会复杂很多。你可能会遇到一些新的问题，发现以前的技能不够用了。因为开公司是一个很复杂的事情，你不仅要处理自己的核心业务，还要处理业务之外的各种事务，有很多事情是你从未接触过的，如市场监管、财税、商标、股权、社保、专利、法律等。作为创业者，即使你学习能力再强，也很难一个人完成所有事务。当然，如果你有充足的启动资金，我们会建议你找一些专业人士付费咨询和代办。即便是找人代办，你最好也能懂相关的知识，从而可以避免上当受骗。大部分人开公司早期启动资金不是很充裕，前期能省则省。很多代办者赚的都是信息不对称的钱，如果创业者能够自己掌握一些知识，则会节省不少代办成本。

大部分创业者是第一次开公司，需要一些开公司的基本知识。我们编写本书的初衷就是让创业者能够对开公司这件事有一些基本认知。在书中，你会学到：开公司需要办理的手续，基础财务知识，如何保护知识产权，怎样建立完善的员工管理制度，巧用股权进行融资和激励，基本的法律知识，等等。

  我们也曾和你一样，在创业路上磕磕碰碰，走过不少弯路，吃过不少亏。这本书就是我们总结的经验教训，它的背后是真实的汗与泪。我们将这些经验教训分享给你，希望能够对你有所帮助。另外，当下数字化是时代的大背景，各行各业都在积极进行数字化转型。作为创业者，如果能抓住数字化转型的大趋势，开办一家数字化的新公司，就能在激烈的竞争环境中获得一些竞争优势。本书专门写了两章数字化的内容，希望能帮助你。

  我们都还在路上，一起加油！

作　者
2022年6月

CONTENTS 目录

第一章 开公司前的准备··· **001**

　1.1　什么时候开公司·· 003

　1.2　注册公司需要多少资金·· 005

　1.3　开公司前的基础认知··· 007

第二章 成立你的第一家公司·· **009**

　2.1　注册公司前要知道的八个问题···································· 011

　2.2　公司注册的流程·· 025

第三章 需要掌握的基础财务知识·· **033**

　3.1　发票·· 035

　3.2　记账报税·· 037

· 1 ·

第四章　公司的税务筹划 045

4.1　一个核心原则 047
4.2　不可触碰的两条涉税红线 048
4.3　公司三大税种介绍 051
4.4　常见的四种税务筹划的方式 061
4.5　税务合规的五个注意事项 063
4.6　金税四期上线，给创业者四个指示 066
4.7　九种合法的公转私情况 072
4.8　高新技术企业申请攻略 075

第五章　保护公司知识产权 081

5.1　商标 083
5.2　著作权 093
5.3　专利 095
5.4　选择适合公司阶段的知识产权解决方案 099

第六章　员工招聘 101

6.1　兼职合伙人可行吗 103
6.2　如何筛选、晋升优秀员工 104
6.3　领导力是画大饼吗 107
6.4　做管理，不能害怕员工离开 109

第七章　建立完善的员工管理制度 ··· 113

7.1　和员工签订劳动合同 ·· 115
7.2　给员工上五险一金 ·· 122
7.3　保护公司的商业机密 ·· 137

第八章　早期融资的注意事项 ··· 141

8.1　创业需要多少启动资金 ·· 143
8.2　第一次融资 ·· 145
8.3　债权融资 vs 股权融资 ·· 151
8.4　股权融资的流程 ·· 152

第九章　股权分配与股权激励的注意事项 ··· 161

9.1　创始人要握紧股权控制权，谨防出局 ······································ 163
9.2　股权激励 ·· 167
9.3　期权激励 ·· 169
9.4　退出后股权和期权如何处理 ·· 172

第十章　数字化时代的企业管理工具 ··· 175

10.1　企业内部沟通工具 ··· 177
10.2　巧用数字化管理工具提升团队效率 ······································· 182

第十一章　数字化时代的新营销 ……………………………… 193

11.1　搭建企业官网 …………………………………………… 195
11.2　互联网媒体平台 ………………………………………… 197
11.3　电商类平台与工具 ……………………………………… 204
11.4　选择合适的 CRM 客户关系管理系统 ………………… 207

第十二章　需要掌握的基本法律知识 ………………………… 211

12.1　正确使用公司五大印章 ………………………………… 213
12.2　对外宣传前先学习广告法 ……………………………… 215
12.3　与人合作要有法律意识 ………………………………… 221
12.4　如何处理法律诉讼 ……………………………………… 223

第十三章　公司的变更与注销 ………………………………… 229

13.1　公司变更 ………………………………………………… 231
13.2　公司注销 ………………………………………………… 235

/ 结　语 / ………………………………………………………… 239

第一章
开公司前的准备

有创业的想法就去试试,失败了就当是试错。这个想法没问题,但你要知道,试错是有成本的,而且成本不仅是金钱,还包括时间。《精益创业》里提到的 MVP(最简化可实行产品,Minimum Viable ProductI,MVP)模型,可以作为创业者的必备能力模型。

那么在做 MVP 时是否一定要通过开公司来实现?其实并不见得。本章,我们就深入探讨一下开公司的时机、成本以及开公司后有哪些变化。

1.1 什么时候开公司

1.1.1 开公司的理由 & 价值

1. 不得不注册公司的理由

必须开公司的理由无非是做业务需要用到营业执照，或者需要开发票，只有开公司，才能继续开展业务。比如：

开实体店，需要营业执照才能合规经营——早期个人经营，有些不合规；如果有监管要求，就开一家实体店；

开网店，需要营业执照——部分电商平台有此要求；

团队创业，需要注册一家股份公司——可以先用股权合同来确定股份；

需要向客户开发票——自然人可以找税务局代开，但是税点高一些；

和客户签合同，需要用公司的名义签订等。

如果你有以上需求，那就需要开一家公司了。

2. 开公司之后的一些额外价值

（1）注册商标，保护品牌。纯个人是不可以注册商标的，只有办了营业执照才可以注册商标。

越早注册商标，越能及时保护自己的品牌。

注册新商标需要时间，而且也有通不过的风险（一般需要半年到一年才知道是否通过）。

先成立公司，想到好的名字可以先注册，等注册下来再决定要不要用。提前注册公司有助于提早布局公司的品牌。

（2）可以给自己和员工缴纳社保。从上班族转为创业者，要做好社会保障。在一线城市，社保的连续缴纳非常重要。如果社保断缴，不仅会影响医保，还可能会影响买房、车牌摇号资格。

如果已经从上家公司离职了，没有地方缴纳社保，可以先把自己的公司开起来，用公司的名义给自己缴纳社保。

1.2 注册公司需要多少资金

这个问题有三层意思：

第一层，是指公司的注册资金。有限责任公司的股东以其认缴的出资额为限对公司承担责任；股份有限公司的股东以其认购的股份为限对公司承担责任。注册资本简单来说，就是你在市场监督管理局登记的注册资本金额。注册资金会登记在营业执照上，需要股东往公司银行账户打钱，按期足额缴纳公司章程中规定的各自所认缴的出资额。

我国从2013年开始实行注册资金认缴制，创业者可以自主约定注册资本总额和出资期限，理论上，1元钱也可以开公司，注册资金也不用一次性缴清，在公司章程约定的3年、5年或10年等相关年限内缴清即可，有些公司会约定10~20年。注册资本认缴制极大地降低了公司注册时的资金压力。

第二层，是指注册公司这件事需要花多少钱。虽然注册资金不用实缴了，但是在注册公司的过程中还是要花一些钱的。比如注册地址，公司必须有自己的经营场所，也就是在公司营业执照上登记的"注册地址"。如果创业者自己有地址可以省下这笔费用，如果没有就需要租用一个办公空间作为注册地址，并提供相应的证明文件。不同城市的费用不同，同一城市不同区的费用也不相同，比如北京就比较贵，其他二三线城市会便宜很多。此外，还可以考虑入驻创业园区或者孵化器创业基地，有些可以提供免费的注册地址，但需要交保证金。

　　然后是办理营业执照，如果选择自己亲自办，可省去这笔费用，但会花费时间和精力。如果找第三方服务机构代办，收费一般是500~1000元。

　　有些行业办完营业执照后不能直接开业，还得办理一些资质许可，比如开餐馆得办理食品经营许可证。这些资质许可的代办费用差别很大，一般根据办理难度和周期收费。

　　公司办下来之后，必须有一名专业会计记账报税，如果公司没有招聘专职会计，可以选择代理记账服务，也很方便划算。但是，为了账务安全，建议选择可靠的代理记账机构。创业初期一般是找代理记账公司记账报税，一年费用为2000~3000元。这些就是开公司需要花费的资金。

　　第三层，是指公司经营的开销。例如，租办公室、招员工、做推广等，这些才是主要的支出费用。建议创业者开公司前，根据业务经营的需要，储备半年到一年的现金流。

1.3　开公司前的基础认知

1. 开公司后，一定要把公户和私户的钱分开

开公司后，一般是需要由股东把出资款从个人账户转到公司账户的，这叫作注册资金的实缴。实缴完成后，公司的开销尽量从公户出，个人的开销走个人的账户。做好公私账户分离，不仅有利于前期账务清晰，更有利于做强做大后的合规化。

2. 能要发票尽量要发票

开公司后，不管是收款还是付款，都多了一个环节，就是发票。收款需要用公司账户，并且给别人开发票；付款最好用公司账户直接转账，并且跟对方要发票；用个人账户转账也可以，但要确定可以开具发票，然后再用公司账户转给个人报销，否则，就只能算作个人支出，不能算公司支出。

3. 开公司后一定要做的事

报税，每个月报一次个人所得税，小规模纳税人每个季度报一次增值税及企业所得税；

报工商年报，每年的上半年，需要完成上一年度的工商年报，不然公司可能会被拉入异常。

4. 你可能会接到一堆营销电话

开了公司后，法人电话号码会被公示到企业信用系统里，很多营销机构会查到你的电话号码，然后推销业务。如果你不愿意接听这些电话，可以申请一个新的电话号码，在注册的时候填上新的电话号码，防止被过度骚扰。

5. 税务局电话一定要接

在工商注册和税务登记的时候需要留企业主要负责人的联系方式，市场监管和税务部门的人会经常抽查一些企业的经营情况。如果打电话无人接听，他们一般会再打一两次或者换个联系方式；如果始终没有人接听，那么很可能把你的公司拉入经营异常。

被拉入经营异常的公司，会无法开发票，无法正常报税等。想要解除异常不仅费时还费力，有时可能还要求法人到现场才能办理，即使可以及时解决，但也会在企业征信上留下被拉入异常的记录，这是一笔不光彩的记录。因此，市场监管、税务部门的电话一定要及时接听。

市场监管或税务部门打过来的电话有以下特征：（1）一般是当地的座机号。两个部门的办事员在联系企业时一般不会使用手机，而是使用座机，座机的区号一般是企业注册所在地的区号。（2）不会被标记为骚扰或推销电话。很多手机有标记骚扰电话的功能，当我们看到打来的电话标记为骚扰电话、广告推销时，一般不会接；而工商和税务部门的电话不可能被标记为骚扰电话。所以当看到是本地座机号，且没有被标记为骚扰或推销电话时，要及时接听。建议把市场监管、税务部门的电话记下来，存到电话簿里，或者记住开头的几位数字，当看到类似特征的电话打来时一定要记得及时接听。

6. 决定不开公司后，一定要注销

如果不开公司，又不做注销，会被拉入异常，时间久了就会被吊销；如果被吊销了，法人及股东未来再开公司时会受到影响，严重的可能还会被限制乘坐高铁、飞机等交通工具；吊销之后再去处理，手续会非常麻烦。

第二章
成立你的第一家公司

如果您决定开公司了,那么首先需要了解注册公司的一些流程和基本概念。本章就从最基础的公司注册开始,陪你走入创业生涯的第一步。

2.1 注册公司前要知道的八个问题

注册一家公司并不复杂,确定好公司类型、公司名称、注册资本、股东及出资金额、注册地址、经营范围、法定代表人、董事&监事&经理后,在市场监管、税务部门完成注册登记即可。下面分别介绍这八个基本要素。

2.1.1 公司类型

常见的公司类型有以下几种(见表2-1)。

表2-1 常见的公司类型

类型	定义	适用情况
有限责任公司	由50个以下的股东出资设立,每个股东以其所认缴的出资额为限对公司承担责任,公司以其全部资产对公司债务承担责任	最常见的公司类型,适用于绝大部分情况

续表

类型	定义	适用情况
股份有限公司	由2人以上200人以下发起人组成。公司全部资本为等额股份，股东以其认购的股份为限对公司承担责任	适用于成熟、大规模类型公司，设立程序较为严格和复杂，不太适用于初创型和中小微企业。例如，中国石油天然气股份有限公司（中石油）
有限合伙企业	由普通合伙人和有限合伙人组成普通合伙人对合伙企业债务承担无限连带责任，有限合伙人以其认缴的出资额为限对合伙企业债务承担有限责任	适用于风险投资基金、公司股权激励平台（员工持股平台）。例如，无锡红杉恒业股权投资合伙企业（红杉资本的一只投资基金）
个人独资企业	个人出资经营、归个人所有和控制、由个人承担经营风险和享有全部经营收益的企业，投资人以其个人财产对企业债务承担无限责任	适用个人小规模的小作坊、小饭店等，常见于对名称有特殊要求的企业
外商独资企业	外国的公司、企业、其他经济组织或者个人，依照中国法律在中国境内设立的全部资本由外国投资者投资的企业	股东为外国人或外国公司的企业，流程相对内资公司更复杂，监管更严格，在名称上与有限责任公司一致

对于初创企业来说，"有限责任公司"是最适合的企业类型，原因如下：

（1）有限责任公司的股东只需要以出资额为限承担"有限责任"，在法律层面上就把公司和个人的财产分开了，可以避免创业者承担不必要的财务风险。

（2）有限责任公司运营成本低，机构设置少，结构简单，适合企业的初步发展阶段。

（3）目前成熟的天使投资、VC投资，几乎都基于"有限责任公司"设计投资方案。直接注册"有限责任公司"，在未来引进投资时也会比较顺利。

2.1.2 公司名称

常见的公司名称一般有三种形式，不同形式之间并没有本质区别，注册时任选其一即可（见表2-2）。

表2-2 常见的公司名称

1	地区+字号+行业+组织形式	例如，北京企小匠科技有限公司
2	字号+（地区）+行业+组织形式	例如，企小匠（北京）科技有限公司
3	字号+行业+（地区）+组织形式	例如，企小匠科技（北京）有限公司

在起名时，建议将字号在"国家企业信用信息公示系统"上查询一下是否被注册，尽量保证没有重名，这样通过率会高一些。

常见问题

1. 公司名称和商标有什么关系？公司名称可以直接当商标使用吗

人们往往会把公司名称和商标弄混。实际上，它们是完全不同的概念。我国对于商标的保护，只认是否已注册商标，而不认公司名称。例如，奇虎360的全称是"北京奇虎科技有限公司"，奇虎360如果不把"奇虎"这个词注册为商标，法律并不会保护"奇虎"这个品牌，一旦有人抢注这个商标，后续可能会带来一系列麻烦。因此，如果你对你的公司名称里的字号很看重，还是要尽早把公司字号部分也申请商标，这样才能保护起来。

2. 不同地区、不同领域的公司可以重名吗

不同地区的公司可以重名，例如，"北京企小匠科技有限公司"和"杭州企小匠科技有限公司"是可以同时存在的。不同领域的公司也可以重名，例如，"北京企小匠科技有限公司"和"北京企小匠商贸有限公司"是可以同时存在的。但是，"北京企小匠科技有限公司"是不可以和"北京企小匠信息技术有限责任公司"同时存在的，因为"科技"和"信息技术"属于一个领域。

2.1.3 注册资本

注册资本是全体股东出于公司经营需要，提供或承诺提供给公司的资金总数。

首先科普一下，为什么大部分公司称为"××有限公司"或"××有限责任公司"。这里的有限责任，指的就是公司的股东对公司的债务只承担有限的责任，而承担的最高额度就是公司的注册资本。

1. 注册资本并不需要一次缴清

我国目前实行注册资本认缴制。认缴制的意思就是：注册资本不用在一开始就全部缴纳完成，而是只要在承诺的时限内（一般为10~20年）缴完即可，这样极大地降低了公司注册时的资金压力。

2. 公司注册资本写多少，要参考所在行业资质要求

例如，互联网公司申请ICP（电信与信息服务业务经营）经营许可证时，ICP经营许可证要求公司注册资本在100万元以上；天猫对大多数类目的入驻商家标准也是100万元以上。其他需要资质/资格的，要参照本行业一般的做法。

3. 注册资本越大，承担的风险和责任就越大

例如，一家注册资本为100万元的公司，后来公司经营不善，欠了1000万元的外债，股东最多只需用他100万元的出资额来承担责任，超出的部分就和他没关系了。但如果这家公司的注册资本是1000万元，那么就要承担1000万元的责任。

因此，注册资本并不是越多越好，大部分互联网创业者走的是股权融资的路子，最重要的是股权比例，而不是注册资本。根据自己的实际情况，设定一个合理的注册资本，才是最理智的选择。

常见问题

1. 什么是验资报告，需要做吗

之前在实缴制的时候，注册资本是需要验资报告的。现在认缴制已经基本不需要了，只有少数情况会用到。例如，参加招投标项目，招标方要求出具验资报告；跟规模比较大的企业合作，对方为了确认你的公司实力，也会要求出具验资报告。如果需要用到验资报告，可以在注册资本实缴完成后，找会计师事务所来出具。

2. 一家注册资本为100万元的公司不想经营了，需要补全这100万元吗

不需要。但是如果公司在有债务的情况下，需要把债务先偿还清，再走正常的注销流程。认缴制只是不用现在一次性把钱掏出来，但是要承担的法律责任是存在的。你需要按照你所占的股份的金额，承担对应的债务责任。

3. 已缴纳的注册资本可以给公司使用吗

可以使用，已缴纳的注册资本就是公司的钱。常用在以下几个方面：日常经营运作、发放员工工资、进货、购买办公用品等。但是，注册资本不可以随意支给个人使用，如果需要给个人汇款，必须有相应的发票报销，或者以工资、劳务费用、奖金等形式支付。

2.1.4 股东及出资金额

股东是公司的主人，由股东组成的股东大会是公司的最高权力机构。

出资金额，即股东在工商注册登记时股东要认缴的资金。我们通常会把股东出资金额占总注册资本的比例，当成这个股东所占的股权比例。

一般在创业初期，建议股东的人数不要太多，避免因股东过多导致权力分散。对于早期核心员工和小股东，建议使用"股权代持协议"进行代持，不进入市场监督管理局公示的股东名单中，这样操作可以在保障权益的同时简化股权架构。一个简单、健康的股权结构有利于公司顺利融资，以及快速完成工商登记和变更等事项。

股东的出资金额涉及公司的股权结构，是在准备注册公司阶段最需要认真思考决定的事项。

2.1.4.1 什么是股权

股权是股东基于其股东资格享有的，从公司获得经济利益，并参与公司经营管理的权利。

一般来说，有限责任公司股东享有的权利主要有以下两种。

1. 自益权

即股东基于自己的出资而享受利益的权利。如获得股息红利的权利，公司解散时分配财产的权利以及不同意其他股东转让出资额时的优先受让权。这是股东为了自己的利益而行使的权利。

2. 共益权

即股东基于自己的出资而享有的参与公司经营管理的权利，如表决权、监察权、请求召开股东会的权利、查阅会计表册权等。这是股东为了公司利益，同时兼为自己利益行使的权利。

2.1.4.2 股权的作用

股权代表着未来收益的可能性，站在创始人的角度，股权有以下三个方面的价值。

1. 组团队

俗话说"财散人聚"，股权就代表着未来的财，创业早期需要组团队，但是并没有那么多钱来招人，最好的办法就是把一部分股份让出去，招来一个价值观一致、能力互补的创始团队。

2. 融资

公司的融资一般有两种方式：股权融资和债权融资。

股权融资就是投资人出一部分钱换取公司的股份，其实是看好这家公司的前景，未来能够获得更多收益的可能性。投资人作为股东，不能要求创始团队把投资退还，只能等以后上市、收购或者更大规模融资时退出股份来套现。

债权融资，就是向银行等金融机构贷款，最终需要本金加上利息还回去。

传统行业里债权融资比较多，但在互联网创业领域，股权融资是主流。

3. 激励

公司对员工的激励有很多方式，如涨工资、发奖金。创业公司早期往往没有太多现金，所以一般用"未来的钱"（股权）来激励员工。股权激励不仅能省钱，还能让员工更有主人翁意识和参与感，做事会更有主动性。

2.1.4.3 股权分配的要点

股权分配的核心是：要让创始团队从心里感觉到公平、合理，如此才能让大家齐心协力做公司。

1. 团队要有明确的"老大",切忌平均分配股权

平均分配股权的问题在于,当几个创始人之间意见不一致时,容易出现拍板人缺失,决策陷入僵局,不利于团队的稳定。股权分配时要避免平均分配,一定要有"老大"的角色。

2. 股东人数不要太多

股东人数太多,就会导致决策比较难推动。比如,在做工商变更时需要所有股东签字,此时如果不能凑齐所有人员一起签字,就会延误变更的时间。另外,不太稳定的小股东最容易产生股权纠纷,阻碍企业发展。

3. 关于控制权的三个关键数字(见表2-3)

表2-3　控制权的关键数字

数字	含义	拥有哪些权利
67%	绝对控股	有权修改公司的章程、增资扩股
51%	相对控股	对重大决策进行表决控制
34%	一票否决	对股东会重大事件的决策可以直接否决

特别强调一点,34%的股权虽然不多,却拥有重大事件(如公司合并重组、增值扩股、破产等)的一票否决权,可以在重大决策上对抗其余股东。因此,掌握一票否决权的股东都是举足轻重的角色。

4. 创始合伙人的得权期、退出机制、回购机制

一个完整的企业股权结构,除了合理的股份分配外,还要有科学的管理体系,即提前约定好股权的得权期、退出机制和回购机制,避免日后产生纠纷。

得权期:给股权设置得权期是指合伙人的股权并不是一次性全部得到,而是每个周期得到一部分。比如,将得权期设置为四年,每满一年得到一部分,满四年后才能拿到全部股权。如果中途退出,就只能得到退出前该得的部分。这样不管是对合伙人还是公司都相对公平一些。

退出机制:当股东退出公司后,其所持有的股权应该按照一定的形式退出,不

同的退出情形会有不同的做法。例如，合伙人如果是正常退出，一般约定由公司回购或继续持有；如果是合伙人违反了公司的纪律或做出其他伤害公司权益的事而被开除时，一般约定股权由公司无条件收回。要把这些条件提前约定清楚，既有利于公司的持续稳定发展，也有利于维护公平。

回购机制：当股东中途退出、转让或出售部分股份时，公司要有一个明确的回购机制，回购该股东手中的股份。具体回购价格可以参照以下三种方式：按当时公司估值一定折扣比例的价格；原始购股价的若干倍溢价；参照公司净资产的价格。

5. 提前留一定的期权池

互联网公司股权激励的作用越来越重要，初创阶段股权分配时有必要提前预留一定的期权池，为今后的股权激励留出余地。一般期权池的比例设置为10%~20%，这些股份通常由创始人代持。

2.1.5 注册地址

注册地址就是在公司营业执照上登记的"住址"，不同的城市对注册地址的要求也不一样，具体应以当地市场监督管理局要求为准。有的地区只允许写字楼、商铺等商业地产注册公司，有的地区居民楼也可以注册公司。

2.1.5.1 选择注册地址时，要注意以下三点

一是如果创业公司的注册地址是租用的，一定要取得并留存租房发票。如果公司在后期的经营过程中没有租房发票，会遇到很多麻烦，诸如股权变更、公司注销等，都需要用到租房发票。

二是公司注册地址是可以变更的，但一般不要跨城市，不然会非常麻烦。因此，要先确定好城市，未来在同一个城市内变更地址比较方便。

三是创业初期如果资金紧张，可以选择入驻创业孵化器（集中办公区），使用它们的注册地址。

2.1.5.2 郊区工业园区与市区孵化器注册地址更便捷

有些城市为了鼓励创业，放开了注册地址的条件，他们会在市区周边特批一些经济园区和开发区，以此来吸引创业者到园区创业，如上海的崇明经济园区、宝山经济园区等。

园区公司注册是指工业园区提供一个虚拟地址来供企业注册，这个地址可以长期免费使用。这些开发区除了提供公司注册地址，通常还会提供其他便捷服务。

除了市区周边，市区内也有很多代理公司提供类似服务，也就是孵化器和集中办公区，如"北大科技园""联合创业办公社"等。在孵化器或集中办公区里面，一张桌子就能够作为一个公司的注册地址，大大提高了商用房屋作为注册地址的使用价值，同时也降低了公司的注册成本。

园区注册地址与市区注册地址的利弊对比，如表2-4所示。

表2-4　园区注册地址与市区注册地址的利弊对比

	园区	市区
代理记账	会提供一些代理记账的配套服务	需要自己记账或外包，孵化器和集中办公区也有代理记账服务，但是需要每年续费
报税	可就近报税	可就近报税
征税	少数园区能代征税，更方便	不能
税收优惠	有税收优惠政策	大部分无税收优惠政策
搬迁	成本低	成本高
竞标、合作价值	低	高

1. 代理记账

入驻园区的公司，园区还会提供一些代理记账的配套服务。而市区公司需要自己记账或外包，孵化器和集中办公区也有代理记账服务，但是需要每年续费。

2. 报税

报税方面，园区与市区差不多，都能就近报税。

3. 征税

征税方面，少数园区能代征税，对公司来说很方便。

4. 税收优惠

返税方面，一般来说，园区返税比市区高。

5. 搬迁

公司搬迁，园区更方便，成本也比市区低。

6. 竞标、合作价值

与在园区注册相比，在市区注册的公司形象更好，竞标时、与他人合作时都能加分。

2.1.5.3 注册地址的准备材料

表2-5 注册地址的准备材料

注册地址类型	准备材料
自有房产	房产证复印件 本人身份证复印件
租房	房东身份证复印件及其签字的房产证复印件 双方签字盖章的租赁合同 租金发票
租用某公司名下的写字楼	该公司营业执照复印件及其加盖公章的房产证复印件 双方签字盖章的租赁合同 租金发票

2.1.6 经营范围

经营范围是企业可以从事的生产经营与服务项目，它反映的是企业业务活动的内容和生产经营方向，是企业业务活动范围的法律界限。

初次注册公司，不知道如何确定经营范围时，可以参考行业内同类公司。各大行业常用的经营范围如表2-6所示。

表2-6　各大行业常用的经营范围

行业	一般经营范围
互联网科技	网络通信科技产品领域内的技术开发、技术咨询、技术转让、技术服务，计算机网络工程、计算机软件开发及维护、计算机辅助设备的安装及维修、电子产品的安装和销售、计算机及相关产品（除计算机信息系统安全专用产品）、办公用品的销售，企业管理咨询（除经纪）
教育	教育咨询
医疗器械	健康管理、健康咨询、医疗器械、电子设备、仪器仪表、机电设备及配件等（企业依法自主选择经营项目，开展经营活动；依法须经批准的项目，经相关部门批准后依批准的内容开展经营活动；不得从事本市产业政策禁止和限制类项目的经营活动）
本地生活服务	清洁服务；婚庆服务；劳务服务；化粪池清掏；汽车驾驶陪练；开锁服务；物流服务
广告文化	组织文化艺术交流活动；文艺创作；体育运动项目经营（高危险性体育项目除外）；承办展览展示；婚庆服务；摄影服务；摄像服务；公共关系服务；礼仪服务；模特服务；会议服务；大型活动组织服务；经济信息咨询；婚纱礼服出租；花卉租摆；舞台策划；摄影器材租赁；舞台灯光音响设计；电脑图文设计；电脑动画设计；设计、制作、代理、发布广告
餐饮	餐饮服务
金融服务	接受金融机构委托从事金融信息技术外包服务；接受金融机构委托从事金融业务流程外包服务；接受金融机构委托从事金融知识流程外包服务
游戏	从事互联网文化活动；技术服务、技术转让、技术开发、技术推广、技术咨询；软件开发；电脑动画设计；工艺美术设计；设计、制作、代理、发布广告；基础软件服务；应用软件服务
旅游	国内旅游业务；入境旅游业务；出境旅游业务

续表

行业	一般经营范围
商贸	销售食品、针纺织品、服装、鞋帽、日用品、化妆品、钟表、眼镜、箱包、文化用品、办公用品、体育用品、珠宝首饰、集邮票品、纪念币、工艺美术品、玩具、游艺用品、室内游艺器材、乐器、照相器材、医疗器械（Ⅰ类）；避孕套、避孕帽、化肥、农业用薄膜、化工产品（不含化学危险品）、矿产品、金属材料、农药、农业机械、自行车、摩托车（不含三轮摩托车）、汽车、汽车摩托车零配件、机械设备、家用电器、计算机软件及辅助设备、通信设备、电子产品、电气机械、电子元器件、仪器仪表、文化办公用机械、消防器材、润滑油、健身器材、粮食、新鲜蔬菜、新鲜水果、未经加工的干果及坚果、禽蛋、不再分装的包装种子、饲料、社会公共安全设备
电影休闲娱乐	音像制品制作；电子出版物制作；电子出版物复制；广播电视节目制作；电影摄制；电影发行；电影放映；文艺表演；演出经纪
职业人才中介	人才信息的收集、归纳与发布；为企业经营提供咨询服务（劳务咨询、人力资源咨询、企业策划）；专业的人才培训、人才推荐、人才规划、人才派遣、就业指导；劳务派遣；房地产咨询；网络信息咨询；保洁家政咨询等
建筑	施工总承包、专业承包、劳务分包，建筑装饰工程，景观工程，机电设备安装工程，安防工程，土石方工程；建筑装饰材料、环保设备、金属材料、木材及制品、防水材料、机电设备、花卉盆景、水泵阀门、流体控制成套设备及配件的销售

需要注意的是，经营范围并不是做什么生意直接填上就可以，有些经营范围需要经过有关部门审批。

2.1.6.1 一般经营项目、许可经营项目

1. 一般经营项目

不需批准，企业可以自主申请。

2. 许可经营项目

需要在申请登记前，依据法律、行政法规、国务院决定，报经有关部门批准方可经营。

许可经营项目分为"前置审批"和"后置审批"两种，近几年因为商事制度改革，大量的前置审批都改为后置。因此，注册公司往往都需要先办理商事登记，领取营业执照，再按照有关部门的规定办理相应的许可证，然后才能营业。

比如开一家小吃店，经营范围填"餐饮服务"，在取得了营业执照之后，还需要办理"食品经营许可证"才能正式开张，这就是许可经营项目（小吃店的许可经营项目就属于后置审批）。

2.1.6.2 如何判断、办理许可经营项目

涉及前置审批事项的公司，需要先办理批文后才能完成公司注册。而后置审批的公司，虽然已经完成工商登记，但如果后续没有拿到相应许可证，也是不能在该领域经营的。

通常，在领取营业执照时，窗口办事人员会给一张"商事主体审批告知书"，上面会非常清楚地写明：您所申请的某一经营范围需要经过某一部门的审批，取得许可后，方能经营。

每一类许可证涉及的部门都不同，需要的资料和办理流程也不同，提醒大家在办理的时候要格外注意。

2.1.7 法定代表人

在法律层面上，法定代表人行为等同于公司行为，是公司意志的具体体现者，由董事长/执行董事或经理担任，对公司的所有行为、结果负责。自然人可以担任多家公司的法定代表人。

简单来说，公司的法定代表人对内处于公司管理核心的地位，对外代表公司，以公司的名义对外实施行为是公司的行为，该行为的法律后果由公司承担。

在实际工作中，经常会有企业将法定代表人称为法人或法人代表，这都是错误的叫法。这三个概念具有不同的内涵。

（1）法人是组织，具有民事权利能力和民事行为能力，如公司、国家机关、

事业单位等都是法人。

（2）法定代表人是自然人，会体现在营业执照上面。

（3）法人代表也是自然人，是法人或法定代表人授权为公司办事的人。

虽然法定代表人和法人代表都是自然人，但是法定代表人是经过工商登记的，行使职权不需要法人授权；而法人代表没有工商登记，需要法人或法定代表人另行授权，超出授权范围或期限就不再是法人代表。

2.1.8 董事、监事、经理

1. 董事／董事长／执行董事

由董事组成的董事会，负责公司业务经营活动的指挥与管理，对公司股东会或企业股东大会负责并报告工作。

董事长是公司董事会的领导，公司的最高领导者。他的职责具有组织、协调、代表的性质。董事长的权力在董事会职责范围之内，不管理公司的具体业务，一般也不进行个人决策，只是在董事会开会或董事会专门委员会开会的时候才享有投票权。

公司在前期比较简单时，可不设立董事会，只设立一名执行董事即可。执行董事代行董事会职责。

2. 监事

由于公司股东分散，专业知识和能力差别很大，为了防止董事会、经理滥用职权，损害公司和股东利益，就需要在股东大会上选出监事，代表股东大会行使监督职能。监事必须是单独的人选，不能由董事、经理来兼任。

2.2 公司注册的流程

公司注册经过四个环节,你需要前往市场监督管理局、银行、税务局、社保局办理相关事宜,此外,如果是特定行业还需要办理相关资质,才能开展经营。在本节,我们会从公司注册实操层面开始,带你进入创业生涯的第一步。

2.2.1 去市场监督管理局办理登记注册

确定完公司的基本信息,就可以开始注册公司了。

目前,我国很多城市都实行了注册公司线上化,只要自己在线上操作就能完成了。但并不是所有城市都能线上操作。怎么确认自己的城市有没有实行线上化呢?可以在搜索引擎里搜"所在的城市名+市场监督管理局",找到有官网标志的(一般是以 gov.cn 结尾)网址,点进去,然后在市场监督管理局的网站里查找有没有设立企业网上办事,或者设立企业"一网通"之类的按钮。如果有的话,点进去即可线上办理。不过这只是一个入口,开始注册之后一般要经过下面几个步骤。

第一步 核准名称

时间:1~3个工作日。

操作:确定公司类型、名字、注册资本、股东及出资比例后,在线提交核名申请。

结果：核名通过；失败则需重新核名。

第二步　提交材料

时间：5~15个工作日。

操作：核名通过后，确认地址信息、高管信息、经营范围，在线提交预申请。在线预审通过之后，按照预约时间去市场监督管理局递交申请材料（部分城市已可以线上直接提交）。

结果：收到准予设立登记通知书。

第三步　领取执照

时间：预约当天。

操作：携带准予设立登记通知书、交件人员身份证原件，到市场监督管理局领取营业执照正、副本。有的城市也可以直接留一个收件地址，执照出来后，会直接把执照寄到你的收件地址。

结果：领到营业执照。

第四步　刻章等事项

时间：1~2个工作日。

操作：凭营业执照，到公安局指定刻章点办理公司公章、财务章、合同章、法定代表人章、发票章，有些地区市场监督管理局会帮你把章刻好直接邮寄给你，但大部分地区需要自己去找刻章点刻章。一定要找在公安局备案的正规刻章点办理。

结果：一个公司注册最重要的执照＋公章就办完了。

※ **Tips：**

公司有哪几个章？分别有什么用？

一般而言，公司的印章可以分为五种：公章、合同专用章、财务专用章、发票专用章、法定代表人章。我们分别来讲一下每种章的作用。

1. 公章

公章是公司所有印章中权力最大的一枚章，是公司最高权力的象征，其代表着公司的意志。理论上公章可以用于绝大多数使用场景，少数法律法规另有规定的除外，如发票的盖章。一般而言，只要加盖了公司的公章，就代表公司对盖章内容的认可，公司要承担相应的法律责任。

2. 合同专用章

顾名思义，合同专用章专门用于对外签订合同时使用，其只能加盖在合同上，加盖在合同之外的文件上无效。

注意，公章和合同专用章均可用于对外签订合同时使用，实践中两者效力相同，并无高低之分。如果公司签订业务合同比较多，可以由业务负责人保管合同章，而把公章单独交给其他人管理，这样可以达到风险隔离的目的。

3. 财务专用章

财务专用章一般与法定代表人章一起作为银行预留印鉴，主要用于办理公司会计核算和银行结算业务。在涉及公司财务事项时，一般加盖财务专用章。

4. 发票专用章

发票专用章一般用于公司领购或开具发票时使用。

5. 法定代表人人名章

法定代表人人名章不是公司必须刻的章，主要用来替代法人签字。

2.2.2 去银行开一个基本户

办完营业执照和公章后，应该及时开设公司银行基本户。

2.2.2.1 什么是银行基本户

基本户是公司资金往来的主要账户，经营活动的日常资金收付以及工资、奖金和现金的支取。每个公司只能开一个基本户。

开基本户时，最好选一家离公司近一点的银行，因为以后可能经常要去银行办事。另外，在办理前建议提前与银行预约。现在的很多银行都开通了线上预约申请开户的便捷业务，但仍需前往现场办理。

2.2.2.2 基本户开户注意事项

1. 注册资本如何汇入公司账户？需要注意什么

股东要从本人银行账户，汇入公司银行基本户，汇款时需要将汇款用途写明为：入资款。

股东打完款后，公司会从银行拿到银行收款单，之后，会计可将其记入公司的账目中。

2. 公司账户可以直接给个人转账吗

以下几种情况可以转账，如发工资、员工报销、支付劳务报酬、支付公司借款、股东分红等。公对私打款要有充分的依据，转账后会计记账时要写清楚用途。

3. 公司股东可以直接从公司账户里把钱转走吗

不可以。股东给公司的入资款一旦打入公司账户，就成了公司的钱，不能随意转给股东个人。只有在年底分红时才可以作为股东个人获得的收益，转入股东账户，并且同时需要缴纳对应税费。在创业初期，创始团队成员经常会垫付一些公司的费用，这种情况拿发票走员工报销程序就可以了。

2.2.2.3 基本账户 vs 一般账户

1. 基本账户

基本账户一般是指基本存款账户，是办理日常转账结算和现金收付需要开立的主办账户。一个公司只能在一家银行开立一个基本存款账户。存款人的工资、奖金等现金的支取均可通过基本账户办理。

2. 一般账户

一般存款账户是存款人因借款或其他结算需要，在基本存款账户开户银行以外的银行营业机构开立的银行结算账户。该账户可以办理现金缴存，但不得办理现金支取。

一般建议，新公司注册后，先去办一个基本账户；早期的大部分资金往来都可以通过基本账户来办理。后期如果有需要开多个账户（如区分不同的收款渠道或者隔离资金分散风险等需求），可以再开一般账户。

2.2.3 去税务局办理税务报到

2.2.3.1 税务报到流程

银行账户办完，需要到税务局进行税务报到。部分城市也可以直接在线上操作，在搜索引擎里搜索"城市名+电子税务局"，可以查询本城市是否已经开通线上税务报到。

在进行税务报到时，公司需要与税务局、银行签订三方协议。之后，税务局会根据每个月报的税，自动从银行基本账户中扣税。

2.2.3.2 申请税控和发票

新成立的公司需要准备相关材料到税务局申办税控，得到批复后，到驻税务所的税控机销售公司，购买适合的税控机。税控机价格数百元到千元不等，购买完税控机，安装一个发票打印机，再申领一些空白的发票就可以用自己公司的名义开发票了。

如果你准备未来开电子发票，可以不买发票打印机，但是一般还需要购买一个额外的软件，详情可以咨询当地的税务局。

2.2.3.3 按周期进行报税

公司完成税务报到后，就需要在每个纳税周期向税务机关申报缴纳税款，即使没有收入也要进行零申报。如果公司没有按时报税缴纳税款，主管税务机关可以按规定对企业进行处罚。

※ **Tips：**

1. 纳税周期

小规模纳税人按季度报税，以1个季度为1个纳税期（1月、4月、7月、10月），并自期满之日起15日内申报上一季度的税款，遇到节假日顺延。

一般纳税人按月报税，每月的1~15日申报上个月的税，遇到国家法定节假日，可以顺延。具体情况请关注并查询当地税务主管机关的网站公告。

2. 零申报

公司未产生税金也需要纳税申报，即零申报。

2.2.4　办理社保

2.2.4.1　社保开户流程

公司注册完成后，需要在30天内到所在区域管辖的社保局开设公司社保账户，办理《社保登记证》及CA证书，并与社保、银行签订三方协议。之后，社保的相关费用会在缴纳社保时，自动从银行基本户里扣除。

2.2.4.2　为员工缴纳社保

如果员工以前没有缴纳过社保，那么需要去社保局给员工做一个新参保的手续；如果员工以前缴纳过社保，刚从上一家单位离职，那么员工要让之前的单位给他做减员，然后在新入职的公司的社保账户里做增员，就可以正常为员工缴社保了。

以后每个月确认好要缴纳社保的员工，在社保系统里填好金额，企业的对公账户里存入足够的费用，系统就会自动扣费。

※ **Tips：**

需注意的是，即使公司没有员工，也建议法定代表人把自己作为员工来缴纳社保。如果一个公司长期没有员工，会被市场监督税务两部门当作空壳公司来检查，有可能面临被处罚的风险。

2.2.5　办理相关行业资质

2.2.5.1　互联网科技行业资质

互联网经营企业涉及以下产品/行业的，需要另行申请特定资质（见表2-7）。

表2-7 互联网经营企业涉及以下产品/行业所需资质

涉及行业	所需资质
经营性网站	"ICP经营许可证"
在线图书/视频/音乐	"互联网出版许可证"或"网络文化经营许可证"
游戏	"网络文化经营许可证""游戏版号"
电商、团购	若含其他需要提供资质类目下物品时,则需提供相应资质。如:商城中若含有食品,则需"食品经营许可证(流通)"
增值电信业务	"SP许可证""ICP许可证""ISP许可证""IDC许可证"

2.2.5.2 各大行业资质

以下是常见行业所需要审批的资质(见表2-8)。

表2-8 各大行业资质

涉及行业	所需资质
餐饮/食品	餐饮:"食品经营许可证""餐饮服务许可证" 食品:"食品经营许可证""食品生产许可证""食品流通许可证"
线下零售	若含其他需要提供资质类目下物品时,则需提供相应资质。例如,商城中若含有食品,则需有"食品经营许可证(流通)"
保健器械/医疗器械/非处方药品	线下门店卖药:"药品经营许可证" 医疗器械:"医疗器械经营企业许可证"
医疗	"医疗机构执业许可证"
金融	股票类:"证券投资咨询业务资格证书" 保险公司:"经营保险业务许可证""保险业务法人等级证书"
交通运输服务类	港口经营/理货:"港口经营许可证" 物流:"道路运输许可证" 快递:"快递业务经营许可证" 加油:"成品油批发经营批准证书"或"成品油仓储经营批准证书"或"成品油零售经营批准证书",三选一

续表

涉及行业	所需资质
房地产	"建设用地规划许可证""建设工程规划许可证""建筑工程开工许可证""国有土地使用证""商品房预售许可证"
娱乐/健身服务	游戏厅/KTV/网吧："娱乐经营许可证"
旅游	旅行社："旅行社业务经营许可证" 机票/机票代理："航空公司机票代理资格证"
收藏/拍卖	文物经营："文物经营许可证" 文物复制品销售："文物复制品销售许可证" 拍卖："拍卖业务经营许可证" 典当："典当经营许可证"
教育/培训	民办非公立院校："办学许可证"
职业人才中介	"劳务派遣经营许可证""人力资源经营许可证"

第三章
需要掌握的基础财务知识

初创企业的财务知识用一句话形容，就是"会计基于银行流水和发票，完成做账，便于国家征税"。下面我们就从"票、账、税"三个方面，深入浅出地讲解创业公司的基础财务知识。

由于税收知识多且重要，本章节主讲"票、财"两个方面，税收知识将放在第四章进行深度讲解。

3.1 发票

3.1.1 什么是发票

发票就是发生的成本、费用或收入的原始凭证。

对于公司来讲，发票主要是公司做账的依据，同时也是缴税的费用凭证；而对于员工来讲，发票主要是用来报销的。

3.1.2 开发票的两种方式

从发票开具资格来说，主要分为税务代开和自行开票两种。

1. 税务代开

当法人单位或个人没有开发票的资格时，可以前往税务局开具发票，这就是税务代开。主管税务机关代开时，要求现场缴税；如果发票作废，税款退回流程复杂、周期长，因此，建议认真核查开票信息及客户的开票需求。

2. 自行开票

当企业注册完成后，就可以申请税控和发票，拥有开发票的资格。之后公司再配备电脑和针式打印机设备，就可以自行开票了。

一般建议，只要公司有业务收入，就要尽早申请开票资格，自行开票。

3.1.3 报销事项

报销作为一项支出，公司是不用缴税的，而如果走奖金或劳务工资的形式，要缴一笔个人所得税。因此，公司经营的开支要及时开具发票，每个月用发票报销，可以减轻公司税负。

※ **Tips：**

开票时，发票的抬头要与企业名称全称一致，2017年7月1日以后，增值税发票必须有税号，不符合规定的发票，不得作为税收凭证。

报销要及时，发票时间尽量不要跨年，否则不能税前扣除。

报销时，发票应根据实际业务开票。

企业发生费用税前扣除规定：业务招待费按实际发生额的60%税前列支，但最高不超过销售收入的0.5‰；办公用品发票必须有办公用品明细。

3.1.4 发票申领

一般情况下，公司刚开始领用的发票数量是25张，若不够用，可申请增量或增版。

增量：适用于金额不高，但是开票量大的公司，如小商铺。

增版：适用于客单价高的公司，这类公司的特点是金额大，但开票量相对较小。

3.2 记账报税

3.2.1 什么是记账报税

记账报税就是会计根据公司的流水和票据，把公司的收支做成账目，并申报给税务局。

根据相关法律法规，领取营业执照后15天内要设置账本，公司需要有一名专业会计，根据原始的票据凭证，为企业做账。

3.2.2 专职会计 vs 代理记账

一种是招聘一名专职会计，由会计来负责记账；另一种是找一个代理记账的公司或个人，将记账业务外包给他们。下面比较一下各自的利弊，方便您选择适合自己公司的记账方式（见表3-1）。

表3-1 专职会计、代理记账的利弊

	优势	弊端
代理记账	1. 节省人员直接成本，一个代理记账会计的费用是200~300元/月，而全职会计月薪至少3000元； 2. 实现专业化、规范化服务，经验丰富； 3. 不受人员变动的影响，申报及时	记账公司良莠不齐，遇到不合格的、账务混乱或不及时报税等，对公司影响很大
专职会计	1. 专人做专事，沟通起来更方便； 2. 除了记账外，会计还可以管理发工资、社保等公司业务	专职会计成本较高，对初创公司来讲是一笔不小的开支

3.2.3 掌握代理记账公司的服务类型

表3-2 代理记账公司的服务类型

基础服务	1. 代购发票、记账凭证及账簿； 2. 建账、记账、结账； 3. 核定税种、报税
增值服务	1. 为企业提供报表分析，提出管理建议； 2. 纳税筹划； 3. 投资项目税收评估； 4. 申报研发费； 5. 出口退税

常见问题

1. 不记账不报税的后果是什么（见表3-3）

表3-3 不记账不报税的后果

对公司的影响	1. 发票功能被锁； 2. 公司被工商信用网列入经营异常名录，所有对外申办业务全部限制，如银行开户、进驻商城等； 3. 缴纳滞纳金

续表

对法定代表人的影响	1. 不能贷款买房； 2. 不能办移民； 3. 企业法人进黑名单，会被限制出境

2. 公司被税务局指控偷税漏税，将公司注销或不管，可以逃脱责任吗

可以很明确地告诉大家，这两种办法都是行不通的。第一，注销前要审计，看你是否存在偷税漏税欠税，是否存在债权债务，是否存在抵押担保，都查得一清二楚了，市场监督管理局才会同意公司注销；第二，公司未注销状态下，必须做账报税，否则公司和法定代表人都将会面临上述不记账不报税的后果。

一旦发生偷税漏税情况，企业应该积极配合税务部门的调查，如果情节严重，最好咨询专业的律师，找到合理的证据，减轻或免除责任。

3.2.4 看懂三大财务报表

创业者一定要看明白公司的三大基础财务报表，掌握公司的财务情况。这三大财务报表分别是资产负债表、利润表、现金流量表（见表3-4）。

表3-4 三大财务报表

	资产负债表	利润表	现金流量表
时间特性	某个时间点	一段时期内	一段时期内
数据价值	财务状况	盈利能力	现金流动情况
关键指标	资产、负债、股东权益	收入、费用、盈利能力	现金

1. 资产负债表

（1）定义

在某个特定时间点上，公司有多少钱（表现为资产）、欠多少钱（表现为负债）、值多少钱（表现为股东权益），即：资产 = 负债 + 股东权益，反映公司在特定时间点上的资产质量（见表3-5）。

表3-5 资产负债表

资产	负债	股东权益
1. 流动资产； 2. 长期投资； 3. 固定资产； 4. 无形资产及其他资产； 5. 递延税项	1. 流动负债； 2. 长期负债； 3. 递延税项	1. 实收资本（股本）； 2. 资本公积； 3. 盈余公积； 4. 未分配利润
	负债合计	股东权益合计
资产统计	负债与股东权益合计	

（2）可以从以下四点理解资产负债表

· 总资产 = 负债 + 股东权益。总资产大不一定意味企业实力强。

· 公司"净资产"即"股东权益"，它是真正属于股东的资产。

· 资产与负债均按照"流动性强弱"排列，流动性反映的是资产的变现能力；资产的流动性越强，资产质量也相对越高，但两个概念不能等价。

· "未分配利润"的正负反映企业前期经营状况的好坏；资产负债表中的未分配利润不是指本年的未分配利润，而是指公司自经营以来所累计的未分配利润。

（3）资产负债表能够反映以下公司价值

· 看资产负债表应重点关注的是净资产，而不是总资产，净资产在一定程度上能反映公司的价值。

· 实现企业价值的重点是增加股东权益，资产的质量影响企业的价值。例如，长期待摊费用、无形资产、递延税款等就属于垃圾资产。

· 应收账款既能反映企业的销售质量，又能反映企业价值实现的风险。"应收账款"账户与企业的销售收入相对应，有一笔应收账款，就对应有一笔收入，自然也有对应的利润。相对而言，现金销售对企业是最有利的，因为它不存在坏账风险；企业的赊销往往都伴有较大的风险。一方面，赊销所占销售总额的比例越大，销售的质量越低；另一方面，赊销收现的时间越长，销售的质量也越低；销售质量越低意味坏账发生的可能性越大，这也表明企业实现价值的风险越大。

·相关比率能反映公司资产结构的优劣，如资产负债率、流动资产比率等。资本结构越好，企业实现价值的风险越小。

·在股东不新投入资本的情况下，股东权益的增加体现在"盈余公积"与"未分配利润"。

2. 利润表

（1）什么是利润表

在某个时间段内，公司赚了多少钱（收入）、花了多少钱（费用）、经营成果如何（利润或损失），即：收入 – 费用 = 利润（损失）。利润表主要包含以下八个项目（见表3-6）。

表3-6 利润表

1. 主营业务收入 减：主营业务成本 　　主营业务税金及附加	5. 营业利润（考核经营情况） 增：投资收益 　　补贴收入 　　营业外收入 减：营业外支出
2. 净利润（用于年度考核） 增：年初未分配利润 　　盈余公积转入	6. 可供股东分配利润（分红考虑） 减：应付普通股利 　　转作股本的普通股股利
3. 主营业务利润（主业考核） 增：其他业务利润 减：营业费用 　　管理费用 　　财务费用	7. 利润总额 减：所得税
4. 可供分配的利润 减：提取盈余公积	8. 未分配利润（对应资产负债表）

（2）可以从以下五点来理解利润表

·产生利润的来源：主营业务收入、其他业务利润、投资收益、补贴收入、营业外收入。

观察企业利润构成的比例，可以看出企业的经营状况是否正常。正常情况下，净利润应主要来自主营业务收入。

- 导致利润减少的七个因素：主营业务成本、主营业务税金及附加、营业费用、管理费用、财务费用、营业外支出、所得税。

企业若想提高利润，可以从以上七个方面节约成本。"主营业务成本"的发生在生产环节，"营业费用"的发生在销售环节，"管理费用"的发生在管理环节，"财务费用"的发生在筹资环节，"营业外支出"属于例外损失，"主营业务税金及附加"与"所得税"可通过税务筹划合理规避。

- 销售收入确认的标准

企业已将商品所有权的主要风险和报酬转移给买方；企业既没有保留通常与所有权相联系的继续管理权，也没有对已售出的商品实施有效控制；与交易相关的经济利益能够流入企业；相关的收入和成本能够可靠地计量。

总之，在确认收入时，不能仅仅以是否签有销售合同为标准。

- 资产负债表中"盈余公积"和"未分配利润"的增加，取决于公司"可供分配利润"，"可供分配利润"主要取决于公司"净利润"。

资产负债表与利润表的联系：利润表中"净利润"通过分配，归并到了资产负债表中"盈余公积"和"未分配利润"中。当然，也有分配现金股利和配股的情况。

- 要实现公司价值，真正做到"股东权益最大化"，最直接的手段就是增加企业的利润。开拓产生利润的来源，压减导致利润减少的因子。

（3）利润表能够反映以下公司价值

- 净利润是公司价值增加最重要的体现；
- 财务费用与负债总额的比率能反映企业借贷成本的高低；
- 营业费用与管理费用总额占主营业务收入的比例能体现企业的管理绩效；
- 主营业务成本占主营业务收入的比例能体现企业产品在市场上的竞争力；
- 公司的主要利润应由主营业务利润构成。

3. 现金流量表

（1）什么是现金流量表

现金流量按来源分为三类：经营活动、投资活动、融资活动，即现金流量净额

=经营活动产生的现金流量净额+投资活动产生的现金流量净额+筹资活动产生的现金流量净额，反映公司实际现金流动情况。

（2）可以从以下四点来理解现金流量表

·现金流量表是对资产负债表、利润表反映企业价值时过分注重净资产、净利润的校正；

·企业的价值实现不仅体现在利润的高低上，也体现在现金流上；

·现金流的水平能够反映企业实现价值能力的高低；

·经营活动、投资活动、筹资活动的现金净流量能反映企业的经营状况。如果公司经营状况正常，经营活动产生的现金流量应占主要部分。相反，要是投资活动产生的现金流量占有的比重大，表明公司主业处于萧条状态。筹资活动产生的现金流量大时，要么是公司处于扩张期，如发行新股、债券；要么是公司生计困难，需要借钱度日。

（3）现金流量表能够反映以下公司价值

·现金之于企业犹如血液之于生命，要树立现金流量至上的观念；

·经营活动产生的现金流量高低，是企业赖以维持正常运营的前提；

·净利润与经营活动产生的现金流量，是企业价值实现能力的两大衡量指标。

附：财务报表分析指标

1. 流动比率

流动比率=流动资产÷流动负债×100%

流动比率若达到2倍时，是最令人满意的。若流动比率过低，企业可能面临着到期偿还债务的困难。若流动比率过高，又意味着企业持有较多的不能盈利的闲置流动资产。投资人在使用这一指标评价企业流动指标时，通常会结合企业具体情况。

2. 速动比率

速动比率=速动资产÷流动负债

速动比率又称"酸性测验比率"，是指速动资产与流动负债的比率，它反映企业短期内可变现资产偿还短期内到期债务的能力。速动比率是对流动比率的补充。

速动资产是企业在短期内可变现的资产，等于流动资产减去流动速度较慢的存货的余额，包括货币资金、短期投资和应收账款等。一般认为速动比率1∶1是合理的，速动比率若大于1，企业短期偿债能力强，但获利能力将下降。速动比率若小于1，企业将需要依赖出售存货或举借新债来偿还到期债务。

3. 现金比率

现金比率＝现金÷流动负债×100%

现金比率是企业现金同流动负债的比率。这里说的现金，包括现金和现金等价物。这项比率可显示企业立即偿还到期债务的能力。

4. 资产负债率

资产负债率＝负债总额÷资产总额

资产负债率，亦称负债比率、举债经营比率，是指负债总额对全部资产总额之比，用来衡量企业利用债权人提供资金进行经营活动的能力，反映债权人发放贷款的安全程度。

一般认为，资产负债率应保持在50%左右，这说明企业有较好的偿债能力，又充分利用了负债经营能力。

第四章
公司的税务筹划

近年来,国家鼓励创业创新,发布了一系列税收优惠政策,鼓励中小微和科技类企业发展。充分利用税收优惠政策,可以减少企业的资金压力,减轻企业的总税收负担,进一步减少企业的资本投入,切实有效地增加企业的优惠收益,进而增加企业的整体收益。因此,为了提高自身长期经营收益,企业需要了解必要的税务筹划常识。

4.1　一个核心原则

这个核心原则就是在法律允许的范围内合法节税。

首先，需要懂法，要知道在税务领域内法律有哪些规定，去学习相关的法律知识。

其次，要守法，严格遵守法律规定，并且通过管理来确保公司内部能够按照法规的要求去执行。

最后，在懂得了法律并且守法的情况下，可以在法律允许的范围之内运用一些优惠政策来实现合法节税的目的。

4.2　不可触碰的两条涉税红线

在讲税务筹划之前，我们先来了解一下《中华人民共和国刑法》里面关于涉税犯罪的规定。

《中华人民共和国刑法》第二百零一条，关于逃税罪的规定："纳税人采取欺骗、隐瞒手段进行虚假纳税申报或者不申报，逃避缴纳税款数额较大并且占应纳税额百分之十以上的，处三年以下有期徒刑或者拘役，并处罚金；数额巨大并且占应纳税额百分之三十以上的，处三年以上七年以下有期徒刑，并处罚金。"

逃税是一种刑事犯罪行为，最多可以判处7年有期徒刑。

《中华人民共和国刑法》第二百零五条，虚开增值税专用发票、用于骗取出口退税、抵扣税款发票罪的规定："虚开增值税专用发票或者虚开用于骗取出口退税、抵扣税款的其他发票的，处三年以下有期徒刑或者拘役，并处二万元以上二十万元以下罚金；虚开的税款数额较大或者有其他严重情节的，处三年以上十年以下有期徒刑，并处五万元以上五十万元以下罚金；虚开的税款数额巨大或者有其他特别严重情节的，处十年以上有期徒刑或者无期徒刑，并处五万元以上五十万元以下罚金或者没收财产。单位犯本条规定之罪的，对单位判处罚金，并对其直接负责的主管人员和其他直接责任人员，处三年以下有期徒刑或者拘役；虚开的税款数额较大或者有其他严重情节的，处三年以上十年以下有期徒刑；虚开的税款数额巨大或者有其他特别严重情节的，处十年以上有期徒刑或者无期徒刑。虚开增值税专用发票或者虚开用于骗取出口退税、抵扣税款的其他发票，是指有为他人虚开、为自己虚开、让他人为自己虚开、介绍他人虚开行为之一的。"

虚开增值税专用发票是一种犯罪行为，最多可以判无期徒刑。

以上两条，逃税罪和虚开增值税专用发票、用于骗取出口退税、抵扣税款发票罪，是两条不可逾越的红线。创业者一定要记住，哪怕公司不挣钱，也不要因为不懂法，把自己搭进去。尤其是虚开增值税专用发票，千万不要碰。

虽然说有限公司是有限责任，但这里的有限责任指的是面对其他民事主体，比如合作伙伴、员工等，是有限责任。但是如果涉及税务犯罪，那就不是有限责任了，这是要由公安局和检察院来处理的。

以前很多老板有侥幸心理，说大部分企业都不可能做到绝对合法合规，只要不是很严重，不被查就没问题。在这里，奉劝大家不要心存侥幸。

第一点，时代在变化，技术在进步。

以前为什么有大量的企业不合规，也没人查？因为以前的技术手段比较落后，企业可以大量使用现金交易，这样就不会留存下交易记录。而且税务和银行等数据源之间数据并不互通。比如，以前税务局想查一个企业的银行流水，需要拿着证明，去银行大厅打印。现在税务局系统直接和各家银行打通，税务工作人员在自己的电脑上就能打印你的银行流水。不仅仅是银行，你的淘宝、天猫、京东、拼多多的店铺，微信、支付宝的流水，税务局只要想调，都能调出来。现在我们几乎已经不再使用现金交易，出门买个奶茶都要用扫码支付，所有和资金交易相关的数据都已经线上化了。因此，从技术手段上来讲，已经没有钻漏洞的可能性了。

第二点，现在税务政策的倾向是在减税降费的同时，加强合规监管。

税收是市场经济的调节器，以前因为技术手段跟不上，税收不精准，但是现在不一样了，有了金税四期大数据系统，所有企业的交易流水全都透明了，可以有针对性地收税。因此，税收政策就倾向于先把税费降下来，再让所有企业都合法纳税。我们可以看到从2018年开始，先是工资收入的个税上调起征线，从3500元上调到5000元；然后又增加个税抵扣政策，相当于实质上降低了个人所得税的税负；再从2021年4月1日至2022年12月31日，对月销售额15万元以下（含本数）的增值税小规模纳税人，免征增值税；企业所得税缓征，社保费用减免，等等。针对小微企业，税务政策其实一直是在减税降费。但是另一方面，针对逃税、虚开增值税发票的打击行为也在加大。可以看到，政策在税务监管上的趋势越来越严格了。

　　基于以上两点，我的建议是：经营一家公司，一定要懂一些相关的法律，知道哪里有风险，哪根红线不能碰。千万不要抱有侥幸心理，以为税务局不来查就没有问题。我们要相信"墨菲定律"，如果你有问题，未来一定会被查。所以从一开始，就必须按照合法合规的思路来做。在法律框架允许的范围内，先保证了安全，再来考虑怎么进行税务筹划。

4.3　公司三大税种介绍

了解了以上风险之后，我们再来了解下公司需要缴纳的三大税种。

4.3.1　增值税

增值税的收入占我国全部税收的60%以上，是我国最大的税种。

4.3.1.1　什么是增值税

简单来说，就是对增值部分所收的税。

例如，你在网上开了家店卖吉他。吉他进货价是400元，你是500元卖出去的。这100元的差额就是增值的部分。那么就要对这100元的部分缴纳增值税。

不过，在实际业务场景里，我们首先得区分纳税人类型，来判断该缴纳多少增值税。

4.3.1.2　小规模纳税人 vs 一般纳税人

纳税人类型分为两种：小规模纳税人和一般纳税人。二者的主要区别有三点。

一是小规模纳税人的增值税率比一般纳税人低。

二是小规模纳税人的进项票不能用来抵扣增值税，而一般纳税人可以。

三是小规模纳税人默认开的都是增值税普通发票，简称普票，如果需要开具增值税专用发票，可以临时去税务局代开。一般纳税人默认开的都是增值税专用发票，简称专票。专票和普票的差别在于专票可以用来给一般纳税人抵扣进项税，而普票不能抵扣。

4.3.1.3 增值税专票 vs 普票

一般纳税人的增值税缴纳，都要开具增值税专用发票，其中收入的部分为销项票，支出的部分为进项票，这样的话，可以用进项票抵扣销项票。比如刚才的吉他例子，你卖一把吉他收入500元，进货支出了400元，只要能从进货商那儿拿到400元的进项发票，就可以用来抵税，那么你只用针对增值的这100元钱缴税即可。假如增值税税率是16%，那么你只用缴（500−400）×16%=16（元）。

而小规模纳税人则不同，小规模纳税人因为不太好拿到进项的增值税专用发票，没法算出增值了多少。因此，只要有收入，就得以收入的金额算增值税。假如小规模增值税税率3%，那么你需要缴的增值税是500×3%=15（元）。

那么，我们注册公司时是选择小规模纳税人还是一般纳税人呢？

一般的做法是在公司刚成立时，因为业务比较少，选择小规模纳税人；当销售额达到一定规模之后，申请成为一般纳税人。具体什么时候转变为一般纳税人，主要看业务的需求。

如果你的上游供应商主要是一般纳税人，他可以给你开增值税专用发票；那么你最好升级为一般纳税人，可以用进项票来进行抵扣，只用对增值部分缴税。

如果你的上游开不了或者不愿开增值税专用发票，那么你就不用升级为一般纳税人，用小规模纳税人来进行交易，只用按小规模纳税人的税率来开票。

如果你的公司既有开普票的供应商，又有开专票的供应商，而且规模都比较大，这个时候，可以成立两家公司，一家是一般纳税人，另一家是小规模纳税人。需要开普票的时候就用小规模纳税人的公司开；需要开专票，且有进项专票的时候就用一般纳税人的公司去开。

而且，为了方便操作，可以用其中一个公司百分之百地控股另一家公司，这样从法律上讲，是母子公司的关系，既能实现合法避税的目的，又能在一个比较清晰的股权框架下操作。

唯一的成本，就是需要多开一家公司，地址费用、记账费用是一笔开销。

4.3.2　企业所得税

4.3.2.1　什么是企业所得税

企业所得税，就是对我国境内的企业和其他取得收入的组织的生产经营所得和其他所得征收的一种所得税。

什么是企业所得？以一个财务年度为周期，收入的钱比支出的钱多，也就是盈利了。盈利的部分就是企业所得，这部分就得缴企业所得税。

企业所得税 = 企业所得 × 所得税率

我们先来看看所得税率上有没有什么政策可以减少。

《中华人民共和国企业所得税法》第四条规定，企业所得税的税率为25%。但是，又有几个针对性的优惠政策。

4.3.2.2　小微企业的优惠政策

《财政部 税务总局关于实施小微企业普惠性税收减免政策的通知》（财税〔2019〕13号）规定如下：对小型微利企业年应纳税所得额不超过100万元的部分，减按25%计入应纳税所得额，按20%的税率缴纳企业所得税；对年应纳税所得额超过100万元但不超过300万元的部分，减按50%计入应纳税所得额，按20%的税率缴纳企业所得税。

上述小型微利企业是指从事国家非限制和禁止行业，且同时符合年度应纳税所得额不超过300万元、从业人数不超过300人、资产总额不超过5000万元等三个条件的企业。

从业人数，包括与企业建立劳动关系的职工人数和企业接受的劳务派遣用工人数。所称从业人数和资产总额指标，应按企业全年的季度平均值确定。具体计算公式如下：

季度平均值=（季初值+季末值）÷2

全年季度平均值=全年各季度平均值之和÷4

年度中间开业或者终止经营活动的，以其实际经营期作为一个纳税年度确定上述相关指标。

本通知执行期限为2019年1月1日至2021年12月31日。《财政部 税务总局关于延续小微企业增值税政策的通知》财税〔2017〕76号)、《财政部 税务总局关于进一步扩大小型微利企业所得税优惠政策范围的通知》财税〔2018〕77号）同时废止。

另据《财政部 税务总局关于实施小微企业和个体工商户所得税优惠政策的公告》（财政部 税务总局公告2021年第12号）规定：一、对小型微利企业年应纳税所得额不超过100万元的部分，在《财政部 税务总局关于实施小微企业普惠性税收减免政策的通知》（财税〔2019〕13号）第二条规定的优惠政策基础上，再减半征收企业所得税。

因此，小型微利企业，应纳税所得额：100万元以内，2.5%；100万~300万元的部分，10%。超过300万元，就不是小型微利企业了，都得按25%的税率缴纳所得税（所以，300万元是一个很重要的数字，如果年度企业所得额在300万元左右，尽量把所得额压到300万元以内，这样能节省一大部分所得税）。

4.3.2.3 高新技术企业的优惠政策

如果公司有一定的研发人员和一些研发项目，可以申请高新企业认证。很多地方对高新企业有一些补助政策，如果认证了高新企业，不仅有税收优惠政策，而且每年都有机会领取政府补助。

在企业所得税方面，高新技术企业主要有以下两项优惠。

·企业所得税税率：15%。

·研发费用加计扣除：研发费用按175%成本计算（能够增加成本，能够降低企业所得）。

4.3.2.4 各地区优惠政策

我国有很多地区都有税收优惠政策，比如，最新公布的海南自贸港所得税税率就是15%。

除了海南以外，还有很多有返税优惠的地区（有一些地方为了能把优质企业吸引来招商引资，会有一些返税的政策，可以多关注这方面的政策）。

不过，各地税务政策有可能在变化，考虑具体地区的时候，还要考察一下税务政策是否稳定、执行力度如何等。

再来看看怎么把企业所得减少。

有盈利，就有企业所得。

盈利 = 收入 − 成本

收入部分，做企业肯定是希望越多越好，也不需要控制。可能有些人会想着把收入走私账来减少企业所得。我的建议是不要这样做，私账走得多了，容易被查。央行的《大额现金管理办法》已经于2020年7月1日之后在河北、深圳等地开始试行，个人转账金额流水较大的，很容易被纳入风险户。

收入没什么减税办法，那么我们只能从成本上想办法。

赚钱就是为了花钱，而花钱有很多种方式，都可以算作成本。

4.3.2.5　如何通过花钱来合法节税

1. 给自己及合伙人发工资

很多老板都觉得公司是自己的，所以不用给自己发工资。其实发工资是一个很好的避税方式。发工资每个月有5000元的免税额度，只要工资不超过5000元，这部分钱就可以合法地以工资的形式提出来。而且工资的个人所得税适用的是阶梯制税率，只要工资金额不是很大，总体税率比企业所得税低，就非常划算。

2. 增加费用开支

员工聚餐团建要求开发票，才能报销。员工打车也要求开发票来报销。打车比较多的企业，还可以申请滴滴企业版，可以一次性充值，一次性开发票，既方便了财务做账，又方便了员工打车，还能让员工打车更优惠。

3. 买车 / 租车

公司经常用车的，可以考虑以公司的名义买车或租车。比如，我们可以把年终奖从发钱变成发车。以公司的名义买车，让合伙人或员工来使用。除了买车以外，还可以考虑租车，只要能开具发票，租车的费用也可以算作成本。

4. 办公用品采购/租赁

走正规的采购渠道，比如"京东采购"或者"易点租"这种，要找能开具发票的。

总结一下：多发工资；多开发票。增加成本，让企业少盈利，就能少缴企业所得税。

注意，一定不要去灰色渠道购买发票，不然可能会涉及非法购买增值税专用发票罪。

除了上面方法之外，还有一些特定行业有优惠政策。如果你的公司是科技类行业，有研发人员和研发成本，可以用研发费用加计扣除来减少企业所得税。国家为了鼓励科技类企业的发展，在企业所得税的计算上，可以在企业所得里扣除掉研发费用乘以一定的比例。

比如，你今年盈利1000万元，正常按照企业所得税计算方法，1000×25%=250（万元）；但如果你有400万元的研发费用，则可以这样来计算企业所得税：（1000-400×175%）×25%=75（万元）。这个175%是2018年的政策，2021政策更为优惠。

4.3.2.6 企业所得税有没有可能不缴

有限公司，需要缴纳企业所得税；个人独资企业、个体工商户则不需要缴纳企业所得税。只需要按个人经营所得税率来缴纳个税即可。

如果业务规模很小，那么就不用开有限公司了，直接开一个个人独资企业即可。

如果必须用有限公司的形式，那么可以两种类型都开一个，把一部分业务收入放到有限公司，一部分放到个人独资企业即可。

4.3.3 个人所得税

个人所得税，其实并不是公司的税种，而是个人的税种，但是公司有义务帮员工代缴个税。个税这两年在逐步改革，政策变动比较频繁，我们有必要多了解一些政策相关的信息。

依据《中华人民共和国个人所得税法》，下列各项个人所得，应当缴纳个人所得税：

（1）工资、薪金所得；

（2）劳务报酬所得；

（3）稿酬所得；

（4）特许权使用费所得；

（5）经营所得；

（6）利息、股息、红利所得；

（7）财产租赁所得；

（8）财产转让所得；

（9）偶然所得。

居民个人取得工资、薪金所得；劳务报酬所得；稿酬所得；特许权使用费所得（以下称综合所得），按纳税年度合并计算个人所得税；有扣缴义务人的，由扣缴义务人按月或者按次预扣预缴税款；需要办理汇算清缴的，应当在取得所得的次年3月1日至6月30日内办理汇算清缴。

非居民个人取得工资、薪金所得；劳务报酬所得；稿酬所得和特许权使用费所得按月或者按次分项计算个人所得税，不办理汇算清缴。

个人所得税的三种税率

根据《中华人民共和国个人所得税法》规定，个人所得税分三种：

（1）个人综合所得，适用3%~45%的超额累进税率；

（2）个人经营所得，适用5%~35%的超额累进税率；

（3）利息、股息、红利所得，财产租赁所得，财产转让所得和偶然所得，适用比例税率，税率统一为20%。

表4-1 个人所得税税率表（综合所得适用）

级数	全年应纳税所得额	税率（%）
1	不超过36000元的	3
2	超过36000元至144000元的部分	10
3	超过144000元至300000元的部分	20
4	超过300000元至420000元的部分	25
5	超过420000元至660000元的部分	30
6	超过660000元至960000元的部分	35
7	超过960000元的部分	45

注1：本表所称全年应纳税所得额是指依照《中华人民共和国个人所得税法》第六条的规定，居民个人取得综合所得以每一纳税年度收入额减除费用六万元以及专项扣除、专项附加扣除和依法确定的其他扣除后的余额。

注2：非居民个人取得工资、薪金所得，劳务报酬所得，稿酬所得和特许权使用费所得，依照本表按月换算后计算应纳税额。

表4-2 个人所得税税率表（经营所得适用）

级数	全年应纳税所得额	税率（%）
1	不超过30000元的	5
2	超过30000元至90000元的部分	10
3	超过90000元至300000元的部分	20
4	超过300000元至500000元的部分	30
5	超过500000元的部分	35

注：本表所称全年应纳税所得额是指依照《中华人民共和国个人所得税法》第六条的规定，以每一纳税年度的收入总额减除成本、费用以及损失后的余额。

个人综合所得（主要是员工工资）

（1）个税抵扣项

规定了六大抵扣项：子女教育支出、继续教育支出、大病医疗支出、住房贷款利息支出、住房租金支出、赡养老人支出，每人每月最高可以抵扣1000~1500元的个税（具体的操作，需要员工下载个人所得税App）。

（2）发公积金

发公积金其实是一种很好的避税方式，因为公积金是不用缴税的。

（3）年终奖

年终奖一直以来被当作避税的通道，不过最近个税政策调整，把年终奖统一划归到个人综合所得里。

国家税务总局《关于个人所得税法修改后有关优惠政策衔接问题的通知》明确，居民个人取得全年一次性奖金，符合《国家税务总局关于调整个人取得全年一次性奖金等计算征收个人所得税方法问题的通知》（国税发〔2005〕9号）规定的，在2021年12月31日前，不并入当年综合所得，以全年一次性奖金收入除以12个月得到的数额，按照本通知所附按月换算后的综合所得税率表（以下简称月度税率表），确定适用税率和速算扣除数，单独计算纳税。计算公式为：

应纳税额 = 全年一次性奖金收入 × 适用税率 − 速算扣除数

居民个人取得全年一次性奖金，也可以选择并入当年综合所得计算纳税。

自2022年1月1日起，居民个人取得全年一次性奖金，应并入当年综合所得计算缴纳个人所得税。

在2022年1月1日之前，公司还可以用年终奖的方式来避税，2022年之后就不行了。

个人经营所得

主要是个人独资企业和个体工商户的税种。

申请个人独资企业后，尽量争取核定征收。只要能核定征收，综合税率一般较低。如果是查账征收，税率和个人综合所得基本差不多。

其他所得

我们主要看一下股东分红。

股东分红，按照法律要求，要缴20%的个税。可以与其他方式进行对比，如果通过其他方式把钱从公司提出来税率更低，应尽量避免使用分红的方式来提现。

4.3.4 其他税种

以上三大种税是绝大多数公司都能遇见的税种，无论对企业和财政收入来说，上述税种都是名副其实的"大税种"。除此以外，附加税（城市维护建设税、教育费附加、地方教育费附加）、印花税等"小税种"也较为常见，但它们税负水平较低、计算简单，创业者也大可不必为之操心。

4.4　常见的四种税务筹划的方式

4.4.1 税收洼地

找一些有税收优惠或税收返还的地区，把公司注册在税收洼地。但风险是地区税收政策不稳定，或者一个地区的税收优惠政策被滥用，导致所有注册在这里的公司都被核查。

4.4.2　个人独资企业

在一些地区注册可核定征收的个人独资企业（个人独资企业是一个过渡型政策，会逐渐取消）。风险是如果是用个人独资企业开发票，就一定要用个人独资企业来走流水和接业务，确保三流合一；不要用和公司有关联的个人去注册个人独资企业，然后给自己公司大量开票（涉嫌虚开）。

如果不是核定征收的个人独资企业，没有筹划的价值。

4.4.3 自然人代开

适用于个人小金额开票给公司（10万~50万元）。

风险是不要用和公司有关联的个人给自己公司大量开票（涉嫌虚开）；不能开太多，一个公司的发票全是自然人代开，明显现业务行为不合理。

4.4.4 灵活用工

适用于非全职工作的员工，不签订劳动合同，不上五险一金，如快递公司和骑手、MCN（短视频机构）和主播。

公司和灵活用工平台签订合同，委托灵活用工平台寻找一些劳务人员来做一些事务性工作，根据工作量或工作结果给灵活用工平台付款，灵活用工平台开发票给公司，然后灵活用工平台再给劳务人员结算。

风险是业务公司和个人之间的关系不是劳动关系，不能用劳动合同来约束，也不能给个人缴纳社保；灵活用工平台一般也是利用一些税收洼地的政策，税收洼地的优惠政策可能不稳定。

4.5 税务合规的五个注意事项

4.5.1 合法节税和逃税之间的边界

有真实业务发生,合理利用税收优惠政策,把税负降低,是合法节税。

通过虚构业务,或者隐瞒业务,来逃避交税义务,是逃税。

其中最核心的,就是看是否有真实业务发生,在被检查时,是否能提供完整的证据链来支持真实业务。大部分所谓税务筹划出事儿都是只管开票,没有发生真实业务,导致被税务检查时无法证明是否存在真实业务。

电商公司刷单也是逃税行为。如果被稽查,根据刷单的数量和金额来要求补税和罚款,这会把公司所有收益全赔进去,甚至还可能不够。

4.5.2 要做到三流合一

资金流:公对公转账记录。

发票流:公司开出去的票,别人开给公司的票,都要保存好。

业务流:如果是实物,要有具体的东西和订单记录;如果是咨询等服务型业务，要有合同以及业务成果及沟通记录。

做到三流合一只是从形式上的合规，不意味着一定没问题。但能做到三流合一，在税务初步检查时，也能有材料可供检查。

4.5.3　不要以为税务不来查就没问题

公司都是查账征收，公司有义务记账和报税，税务如果觉得有需要，会来公司进行检查。

税务检查时，可能会往前追溯三年，即要求提供三年内的数据、材料。

请留存好所有账目凭证、业务合同、业务记录，以备检查。

税务检查主要有以下三种方式。

协查：协助检查，一般是有一定小风险，协助查一下（程度最轻）。

核查：通过检查来核实问题，一般是被举报或者有明确风险（程度中等）。

稽查：稽查部门出动，一般是已经掌握明确的税务违法证据（程度最重）。

4.5.4　不要以为不进公户就没问题

税务能查到你所有平台的收入。

电商平台：京东、淘宝、拼多多、微信、抖音、快手、有赞、小鹅通……只要是用公司名称认证了，就都能查到。

个人的银行卡、微信钱包、支付宝。

个人所得税的申报，会越来越正规。目前，除了工资是公司强制代扣代缴个税外，其他来源的收入都需要在个人所得税 App 上主动申报。

未来我国的个人所得税会逐渐和世界接轨。全世界范围内，个人所得税都是主要税种。例如，美国居民在每年一度的报税日都需要主动申报个税。

4.5.5　请务必保持好与所在税务局的沟通

把税务局当作一个重要股东派驻在公司的代表：

税务局打来电话，应及时接听；

税务局要求法人到场，应及时前往；

税务局要求下户核查，应立即配合；

税务局提出整改要求，应立即按要求整改。

4.6　金税四期上线，给创业者四个指示

我国税收制度一直在不断调整和完善。2016年，全面营业税改增值税，金税三期的推广，实现了市场监管、银行、税务系统联网互通，税负也有所下调。2021年8月，金税四期上线，监控力度进一步加强。

1. 金税四期

金税四期通过互联网将市场监管、公安、税务、社保、质监和国家统计局、银行等所有行政管理部门互联互通，中央银行个人信息，行政监管，一号连控，再加上全面业务及信息共享"云化"打通，进而为智慧监管、智能办税提供了条件和基础（见图4-1）。

金税四期大数据化，企业信息透明化，企业和银行等各相关部门联合监管监控企业运作。一旦有问题，相关部门将会相互配合调出数据以便核查稽查。简单来讲，就是在"大数据时代"万物可查，一切都要符合规则。

那么，企业在经营过程中，哪些情况会被重点监管呢？

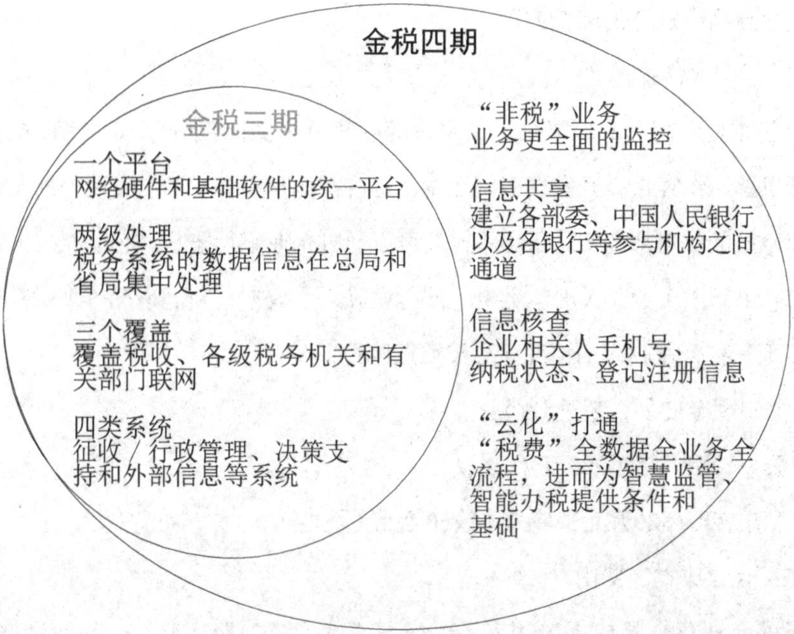

金税四期

金税三期

一个平台
网络硬件和基础软件的统一平台

两级处理
税务系统的数据信息在总局和省局集中处理

三个覆盖
覆盖税收、各级税务机关和有关部门联网

四类系统
征收/行政管理、决策支持和外部信息等系统

"非税"业务
业务更全面的监控

信息共享
建立各部委、中国人民银行以及各银行等参与机构之间通道

信息核查
企业相关人手机号、纳税状态、登记注册信息

"云化"打通
"税费"全数据全业务全流程，进而为智慧监管、智能办税提供条件和基础

图4-1　金税三期与金税四期对比

2. 以下九种情况建议企业自查

（1）现金交易金额超5万元；

（2）公户转账，超过200万元；

（3）公户私户频繁互转；

（4）企业规模很小，却常有巨大的流水；

（5）经营范围或经营业务，跟资金流向无关；

（6）私户转账金额过大，境内转账超50万元，境外转账超20万元；

（7）转入转出异常，如分批转入集中转出、集中转入分批转出；

（8）频繁开销户，并在销户前有大量资金活动；

（9）闲置账户突然启动，并且有大量的资金活动。

除了以上九种情况将会被重点监管外，企业还需要从下面七个方面规范起来，以免引起税务局重点稽查。

3. 企业需要规范的七个方面

（1）企业收入

有些企业利用私户、微信、支付宝等收货款来隐匿部分收入，或存在大额收款不开发票，给客户多开发票等。注意，这些操作是不合规的。金税四期不仅可以通过你申报的数据来核实是否异常，还可以通过企业银行账户、企业相关人员的银行账户、上下游企业相关账本数据、同行业收入、成本、利润情况等来稽查比对。

以下三种企业收入的情况，会被重点监管：

·账户现金交易，超过5万元；

·公户转账，超过200万元；

·私户转账超20万元（境外）或50万元（境内）。

（2）企业成本、费用

有的企业还会从成本费用入手，虚增或虚列成本费用开支，导致利润减少，以减少税收。这也是不合规的。常见情况如下：

工资多申报或少申报；

主营成本长期大于主营收入；

公司没车，却有大量加油费；

差旅费、会议费、咨询费等异常；

多结转成本，后期红冲或补票；

购买发票；

计提了费用却没有发票等。

（3）企业的利润

企业的利润体现企业的盈亏情况。如果企业长期亏损，或者异常盈利大，也要相结合同行业的利润情况，来判断企业利润是否合理。具体情况如下：

同行业利润偏低；

企业常年亏损，却依旧经营；

报送的资产负债表与利润表逻辑不合理；

利润表的利润总额与企业所得税申报表的利润总额不一致等。

（4）企业缴纳的税额

许多人只知道公司经营需要缴税纳税，但不知道纳税异常有哪些情况。对以下异常情况，财务会计人员要特别注意：

增值税收入长期大于企业所得税收入；

企业大部分员工长期在个税起征点以下；

税负率异常，如果企业平均税负率浮动超过20%，将会重点调查；

员工个税申报的工资与企业申报的工资不一致；

企业的实收资本增加，印花税未缴纳；

盈余公积转增资本，个人股东却未缴个税等。

（5）企业的库存

金税四期上线后，企业库存数据将会透明化，企业进多少货，出多少货，还剩多少货，它可能比你自己还清楚。如果库存账实不一致，企业务必引起重视，及时查找原因。在此提醒企业一定要做好存货管理，统计好进销存，定期盘点库存，做好账实差异分析表，尽量避免库存账实不一致。

（6）企业的公户

我国早已实施"企业信息联网核查系统"，银行、工业和信息化部、国家税务总局、国家市场监督管理总局等纳入企业信息联网核查系统，实施信息共享及核查通道。税务局、银行等机构可通过系统核实企业纳税信息及纳税人营业状态等情况。因此，企业信息透明化，企业银行账户转款是可知可查的。

（7）企业的社保

从2020年11月1日起社保入税后，养老保险、医疗保险、失业保险、工伤保险、生育保险等各项社会保险费由税务局统一征收。企业不能像以前一样，不给员工缴纳社保。比如以下这些操作就是违法的：

·试用期不缴纳社保；

·代别人挂靠社保；

- 未足额或未缴纳社保；
- 不签订合同就不缴纳社保；
- 员工自愿放弃社保，就不缴纳社保；
- 档案未转就不缴纳社保。

4. 五个重要提醒

（1）银行、税务局共享信息

银行、税务局信息已经共享，如果税务局根据需要，想要查某私户的资金变动，是非常方便的。自2020年起，各地金融机构与税务局、反洗钱机构合作加大，老板私户与公司对公户之间频繁的资金交易都将面临监控。税务局严格监管，一旦有偷税漏税行为必然遭到严查。

（2）大数据比对分析

金税四期系统，在三期的基础上，再次加大对企业的监管。企业的经营是否有异常，发票、申报数据是否真实，系统会自动对比并分析，提示企业异常现象。系统监测下，一旦有异常，比如税负率低，系统就会自动预警。不用别人举报，税务局在办公室就可知道哪家企业可能涉嫌偷税。

（3）虚开发票不可有

税务局已经实行最新税收分类编码和纳税人识别号的大数据监控机制，税务局对于企业虚开发票行为很容易识破，可能有更多企业因为历史欠账虚开发票被识别出来，请大家一定遵守税务法规。同时，高工资、多渠道、多类型收入的企业将面临严查。

（4）偷逃税列入黑名单

一旦发现企业有偷逃税，罚款是必不可少的，还会被列入黑名单，甚至会影响可以享受的税收优惠，得不偿失。对于偷逃税企业，直接判定为D级，列入重点监管对象，以及禁止部分高消费行为，禁止参加政府采购活动；法定代表人会被禁止出境，以及无法乘坐飞机或火车等惩戒措施。

（5）创业者要注意

不要再用个人银行账户隐藏公司收入少缴税款。否则一旦被查，补缴税款是小事，还要缴大量的滞纳金和税务行政罚款。如果构成犯罪，则要承担刑事责任。

【案例说法】

湖北省武汉经济技术开发区的黄某，2013年至2014年担任本辖区京通某汽车服务有限公司法定代表人，负责该公司的经营管理。他指使该公司财务人员通过个人账户收取营业款项，再以其他凭证代替发票使用的方式逃避缴纳税款共计人民币1883018元，占该公司同期应缴纳税额的97.17%，且该公司经税务机关依法下达追缴税款通知后仍未补缴税款。

判决如下：公诉机关认为，黄某采取隐瞒手段不申报纳税，逃避缴纳税款共计人民币1883018元，因其具有归案后如实供述自己罪行、已补缴税款的量刑情节，建议判处被告人黄某有期徒刑3年，缓刑5年，并处罚金人民币200000元。

（资料来源：菏泽中院．黄祥耀逃税罪一审刑事判决书．https://wenshu.court.gov.cn/website/wenshu/181107ANFZ0BXSK4/index.html?docId=3bedb25b634a4e36b4b1a8ce012e5b1e）

4.7　九种合法的公转私情况

不少人心里有疑问：这些公转私情况会引起重点监管或重点稽查，那所有公转私都不行吗？其实，公转私并不是全不行，以下几种情况公转私是允许的。

1. 发放员工工资

某公司将对公账户的50万元在每月发放工资日，逐笔通过银行代发到每个员工个人账户上，该公司已依法履行了代扣个税义务。

2. 员工差旅费报销

某公司将对公账户上的2万元转给业务员用于出差的备用金，出差回来后实报实销，多退少补。注意，要留存证明差旅费真实性的相关证明材料，包括出差人员姓名、时间、地点、出差目的、支付凭证等。

3. 支付个人劳动报酬

某公司用公账户支付某讲座老师的讲课费10万元，转入老师个人卡中，这10万元是缴完劳务报酬所得个税后的税后报酬。

4. 股东利润分配

某公司将对公账户上的100万元转给股东个人，这100万元是已经缴完20%股息红利个税后的分红所得。

5. 个人独资企业利润分配

某公司属于个人独资企业，会定期将扣除费用、缴纳经营所得个税后的利润通过对公转给个人独资企业的负责人。

6. 向自然人采购

某公司向个人采购一批物品，金额10万元，取得自然人在税务局代开的发票，该公司将对公账户的10万元转到自然人的个人账户上。注意，要索要发票、留存合同协议等相关证明。

7. 归还个人借款

某公司将对公账户上的10万元转到某个人账户上，用来偿还之前公司向个人借款。但要注意，公司长期借股东钱未还，有账外资金回流的情况，一旦被稽查，税务局就会怀疑是否存在无票收入等违法行为，风险巨大。

8. 支付个人赔偿金

某公司将对公账户上的5万元转到陈某个人账户上，用来支付陈某的违约金、赔偿金。注意，要留存好相关的证明材料。

9. 公司向个人房东转房租款

公司租个人房屋用于办公，每月向个人房东支付房租款，这种情况也是允许的。注意，如果租赁合同约定水电费由公司承担，实务中，水电费税前扣除需要取得对方发票复印件及分割单、收据，以及本公司付款有关证明。

以上九种公转私的情况是允许的。其他情况转给私户都是有风险的，需要注意。

私户收款风险

现在，很多老板为了方便，用微信、支付宝或者个人账户等收款，这些账户有频繁或高额交易记录，却没有按照规定进行纳税的。将会面临以下风险。

1. 触犯逃税罪

不开票不纳税的构成偷税。

《中华人民共和国税收征收管理法》第六十三条　纳税人伪造、变造、隐匿、擅自销毁账簿、记账凭证，或者在账簿上多列支出或者不列、少列收入，或者经税务机关通知申报而拒不申报或者进行虚假的纳税申报，不缴或者少缴应纳税款的，是偷税。对纳税人偷税的，由税务机关追缴其不缴或者少缴的税款、滞纳金，并处不缴或者少缴的税款百分之五十以上五倍以下的罚款；构成犯罪的，依法追究刑事责任。扣缴义务人采取前款所列手段，不缴或者少缴已扣、已收税款，由税务机关追缴其不缴或者少缴的税款、滞纳金，并处不缴或者少缴的税款百分之五十以上五倍以下的罚款；构成犯罪的，依法追究刑事责任。

2.触犯职务侵占罪和挪用资金罪

不少老板认为，自己是老板，公司的钱就是自己的钱，个人账户收取公司销售款也是应当的。却不知道，公司的钱与自己的钱是不能混为一谈的。若出现公司收入直接转到个人账户，个人将直接侵占或挪用公司资产，则触犯《中华人民共和国刑法》第二百七十一条、二百七十二条之职务侵占罪、挪用资金罪。

3.对公司债务承担连带责任

《中华人民共和国公司法》规定，股东以其认缴的出资额为限对公司承担责任，但如果发生股东和公司人格混同，股东个人就需要对公司债务承担连带责任。

4.8 高新技术企业申请攻略

高新技术企业可以说是我国市场主体"皇冠上的明珠",几乎我们能说出名字的大企业都是高新企业,很多中小企业也是高新企业或正走在高新企业的路上。

以下八大领域可以申请为高新技术企业(见表4-3)。

表4-3 八大领域可以申请为高新技术企业

电子信息	高技术服务
生物与新医药	新能源与节能
航空航天	资源与环境
新材料	先进制造与自动化

1. 高新技术企业的四大优势

(1)税收优惠

高新技术企业的企业所得税的税率比一般企业的25%要低10%,只按15%的税率计算所得税。

另外,在汇算清缴时,高新技术企业的研发费用不仅能在税前全额扣除,还能加计扣除75%。举个例子,如果你的企业产生了100万元研发费用,在计算应纳税所得额时可以先减去175万元再乘以税率。

还有，企业的职工教育经费不超过工资薪金8%的部分，准许税前扣除。

（2）有利于吸引投资

投资公司投资非高新技术企业后，其投资收益要按全额缴纳增值税。但投资公司在投资高新技术企业满两年后，其投资收益的70%是可以免征增值税的。

虽然这不是直接对高新企业本身减免税，但很大程度上增加了高新企业融资成功的机会。

（3）有利于吸引人才

高新技术企业的员工办理大城市的工作居住证或积分落户，要比非高新企业员工更容易。例如，北京高新企业能拿到更多的北京市工作居住证名额，满足员工买房、买车和孩子上学的需求。

（4）其他优势

政府或其他企业的招投标项目，高新技术企业一般有优先权。

高新企业更容易申请瞪羚企业和政府专项资金。

银行收紧贷款政策时，高新企业能申办一定数额的无抵押信用贷款。

高新企业虽然有这么多优势，但是被认定为高新企业也是有条件的。

2. 高新企业需要满足的四项要求

（1）企业注册期限至少满一年

（2）企业具备一定的研发能力及组织管理能力

既然叫高新技术企业，研发费用也能在税前加计扣除，那么高新认定首先是要求企业具备一定研发能力的，转化成可量化标准，主要有以下五点：

企业建立了研发投入核算体系，且编制了研发费用辅助账；

企业开展了国内外产学研合作的研发活动；

鼓励研发成果转化，从研发到销售的激励制度，鼓励企业员工，自主创新，自主创业；

企业建立了对员工成长的绩效评价奖励制度；

开展面向社会公众的科技学技术普及活动，需提供活动照片。

在专家评定环节，企业研发能力的组织管理水平占到30分（满分100分），如果企业想在这一块拿到满分，需要同时达到标准以上或者成功认证过知识产权贯标（贯标是贯彻《企业知识产权管理规范》国家标准的简称）。

（3）企业最近三年内拥有核心知识产权

高新认定对企业的专利、软件著作权、集成电路布图设计专有权、植物新品种等核心自主知识产权的数量都有要求。

企业申报知识产权后，由专家评判其是否符合标准并作出相应调整。例如，若企业将在国内、国外申请登记的同一知识产权记为多个，会被调整成一个。

在专家评定环节，企业的核心知识产权占到了30分，如果企业想在这一块拿到满分，至少要有10~15个软件著作权登记证书，或2个发明专利，或8~10个实用新型专利。

（4）企业有较强的科技成果转化能力

企业只凑够知识产权数量还不行，还得证明自己将这些知识产权成功转化成了价值，同一科技成果分别在国内外转化的，或转化为多个产品、服务、工艺、样品、样机等的，只计为1项。

高新认定还要求企业近三年内科技成果转化的年平均数量在6项以上，即三年至少18项。另外，购入或出售技术成果要以正式的技术合同为准。

在专家评定环节，企业的科技成果转化能力占到了20分，如果企业想在这一块拿到满分，至少要有18个技术开发合同，或18个技术服务合同，或18个相关销售合同。

3. 企业总资产和年营业额具备成长性

所谓成长性，其实就是要求企业提供近几年的财务报告，看企业的效益如何。由财务专家选取企业净资产增长率、销售收入增长率和年平均利润率等指标对企业成长性进行评估。企业实际经营期不满三年都按照实际经营时间计算，计算方法如下。

（1）净资产增长率

净资产增长率 =1/2×（第二年末净资产÷第一年末净资产 + 第三年末净资产÷第二年末净资产）-1

净资产 = 资产总额 - 负债总额

资产总额、负债总额应以具有资质的中介机构鉴证的企业财务报表期末数为准。

请注意，以前是总资产增长率，现在是净资产增长率。

（2）销售收入增长率

销售收入增长率 =1/2×（第二年销售收入÷第一年销售收入 + 第三年销售收入÷第二年销售收入）-1

企业净资产增长率或销售收入增长率为负的，按0分计算。第一年净资产或销售收入为0的，按两年计算；第二年净资产或销售收入为0的，按0分计算。

（3）年平均利润率

年平均利润率 = 近三个会计年度的利润总额 ÷ 同期销售收入总额 ×100%

（4）其他要求

企业申请认定时须注册成立一年以上。

企业通过自主研发、受让、受赠、并购等方式，获得对其主要产品（服务）在技术上发挥核心支持作用的知识产权的所有权。

对企业主要产品（服务）发挥核心支持作用的技术属于《国家重点支持的高新技术领域》规定的范围。

企业从事研发和相关技术创新活动的科技人员占企业当年职工总数的比例不低于10%。

企业近三个会计年度（实际经营期不满三年的按实际经营时间计算，下同）的研究开发费用总额占同期销售收入总额的比例符合如下要求：

最近一年销售收入小于5000万元（含）的企业，比例不低于5%；

最近一年销售收入在5000万元至2亿元（含）的企业，比例不低于4%；

最近一年销售收入在2亿元以上的企业，比例不低于3%。

同时，企业在中国境内发生的研究开发费用总额占全部研究开发费用总额的比例不低于60%；

近一年高新技术产品（服务）收入占企业同期总收入的比例不低于60%。

企业创新能力评价应达到相应要求。

企业申请认定前一年内未发生重大安全、重大质量事故或严重环境违法行为。

符合上述条件后，企业可根据要求事先准备好相应的证明材料。注意，在实践中，有些企业本来是能够满足条件的，但平时不注重材料收集工作导致申报高新企业时材料缺失，这就太可惜了。而那些大企业之所以可以成功申请高新企业，很大程度上是因为它们有相对完善的文档管理系统和舍得花钱申报知识产权。

4. 申报时间

高新技术企业每年有三次申报机会，北京的企业申报时间通常在每年的6月、8月、9月，如2021年申报时间为6月15日、8月2日、9月15日。

5. 评分要求（见表4-4）

表4-4 评分要求

项目	分值
知识产权	30
研究开发组织管理水平	30
科技成果转化能力	20
企业成长性	20

6. 高新技术企业认证需要准备的材料

《高新技术企业认定申请书》（在线打印并签名、加盖企业公章）；

证明企业依法成立的《营业执照》等相关注册登记证件的复印件；

知识产权相关材料（知识产权证书及反映技术水平的证明材料、参与制定标准情况等）、科研项目立项证明（已验收或结题项目需附验收或结题报告）、科技成果转化（总体情况与转化形式、应用成效的逐项说明）、研究开发组织管理（总体情况与四项指标符合情况的具体说明）等相关材料；

企业高新技术产品（服务）的关键技术和技术指标的具体说明，相关的生产批文、认证认可和资质证书、产品质量检验报告等材料；

企业职工和科技人员情况说明材料，包括在职、兼职和临时聘用人员人数、人员学历结构、科技人员名单及其工作岗位等；

经具有资质并符合本《高新技术企业认定管理工作指引》相关条件的中介机构出具的企业近三个会计年度（实际年限不足三年的按实际经营年限，下同）研究开发费用、近一个会计年度高新技术产品（服务）收入专项审计或鉴证报告，并附研究开发活动说明材料；

经具有资质的中介机构鉴证的企业近三个会计年度的财务会计报告，包括会计报表、会计报表附注和财务情况说明书；

近三个会计年度企业所得税年度纳税申报表（包括主表及附表）。

7. 办理流程

通过认定的高新技术企业，其资格自颁发证书之日起有效期为三年。

企业获得高新技术企业资格后，自高新技术企业证书颁发之日所在年度起享受税收优惠，可依法到主管税务机关申报享受税收优惠政策。

另外，企业获得高新技术企业资格后，应每年5月底前在"高新技术企业认定管理工作网"填报上一年度知识产权、科技人员、研发费用、经营收入等年度发展情况报表。

如果企业在申报过程中，出现资料不全的情况，可以咨询从事高新技术企业认定工作的专业人士，对企业材料进行有针对性的收集和整理，以降低时间和资金成本。

第五章
保护公司知识产权

近年来，IP 的概念越来越火，大家都在关注 IP。IP 是 Intellectual Property 的缩写，翻译成汉语，其实就是知识产权。在知识经济的时代，知识产权作为一种无形资产，对创业公司越来越重要。在我国法律框架下，知识产权主要包括商标、著作权、专利等。本章从这三个方面来讲解知识产权。

5.1　商标

5.1.1　什么是商标

商标是公司为了把自己的商品或服务与他人区别开而使用的标记，如品牌名称、Logo、企业字号等。

商标注册就是向商标局提出申请，在某个特定领域拥有某个品牌名的专有使用权，从而保护自己的商标。

®、TM 分别是什么意思？各自在什么情况下适用？

® 是英文 Registered 的缩写，在我国是指已成功注册（拿到商标注册证书）的商标。拿到商标注册证后，在宣传时即可加 ® 使用。

TM 在我国没有明确的法律规定，一般是指已经被商标局受理（拿到受理通知书），还未正式注册成功的商标。在使用品牌时，加上 TM，有利于之后出现商标纠纷时作为一个证据，证明我们是把这个文字或 Logo 有意识地当作一个商标在使用。

5.1.2 注册商标的好处

1. 开公司后会遇到很多情形，需要拥有商标证书才可以进行

（1）申请微博、微信、头条、抖音、知乎等公众账号的官方认证；

（2）申请入驻京东、天猫等电商平台；

（3）搜索引擎推广品牌词保护，比如百度推广经常会有竞争对手购买自己的品牌关键词，向百度提供商标证书后可以要求对方停止购买。

2. 打造品牌价值

在消费升级时代，品牌的价值越来越重要。商标作为品牌的载体，是打造品牌价值的第一步。

3. 防范一些投机者

有些人看哪个创业公司融资了或者发布新产品了，他们就会把这些公司的产品名注册成商标。等创业公司做大了，他们再把商标高价卖出去，或者向创业公司讹钱。所以在早期品牌名确定时，及时注册成商标保护起来，防范一些投机者恶意抢注。

表5-1 不同平台商家入驻规则

平台类型	具体平台	要 求
电商类	京东	拿到商标注册证书（R标），或拿到商标受理通知书（TM状态商标）但家电类目注册申请时间须满6个月。纯图形注册的商标暂不符合京东开放平台的入驻标准。详细规则可上京东网站查看商家入驻规则
	天猫	大多数类目都只接受已拿到商标注册证书（R标）的品牌入驻；部分类目（如书刊类、服务类、教育培训类、婚庆摄影类等）接受已拿到受理通知书（TM商标）的品牌，但对申请时间也有要求。另外，在不同的商标状态下，天猫对保证金的额度不同，以下为大部分类目的保证金标准：1. 品牌旗舰店、专卖店：带有TM商标的10万元，全部为R商标的5万元；2. 专营店：带有TM商标的15万元，全部为R商标的10万元。详细规则可上天猫网站查看商家入驻规则

续表

平台类型	具体平台	要求
新媒体类	微信公众号、微博企业号、知乎机构号、今日头条、抖音号等	新媒体类平台的政策大多如下：已注册商标（R标），可按照商标名进行命名；如果是受理阶段的TM商标，也可以申请认证，只是名字需要审核，审核通过率不如拿到商标证书的那么确定；不过，在商标尚未通过的情况下，如果有官网，在官网ICP备案上的网站名也可以用来辅助做认证
付费推广类	百度、搜狗、360等	只要有企业及官网，一般可以开通付费推广账号；拿到商标注册证（即R标），可以做官网认证、品牌专区等

5.1.3 注册商标的最佳时机

在产品名称确定后，越早注册越好。因为根据我国商标法规定，申请在先的人拥有商标保护权。

另外，在确定商标名称时，还要注意以下几点：

（1）在给产品起名时，一定要先去商标总局官网查一下，这个产品名称是不是已经被注册了。需要说明的是，商标总局官网的查询数据有一个月左右的盲查期，所以刚提交的申请，可能会暂时查不到。

（2）在确定名称后，要注意保密。在没有提交商标注册之前，尽量不要把名称透露给其他人，尤其不要发布到公开的媒体，以防其他人抢注。

文字、图形、声音都可以注册为商标（见表5-2）。

表5-2 文字、图形、声音可以注册为商标

类型	定义
文字商标	一般是产品名，如网站名、App名称、店铺名等
图形商标	一般是经过设计的产品Logo
声音商标	一般是一段可识别的声音，如新闻联播前的一段音乐

另外，如果产品有英文名称，也要把英文名称注册为文字商标。如果以后考虑发展海外市场，就要去申请国外商标保护。

5.1.4 商标注册的流程和费用

1. 确认需要注册的商标类目

商标共有45个大类，需要按照类别对商标进行保护。作为互联网创业公司，至少应该保护三个基础保护类别和一个垂直服务类别。

下面简单列举了互联网公司覆盖较多的垂直细分行业（见表5-3）。

表5-3 互联网公司覆盖较多的垂直细分行业

涉及服务	相关联类别	重要程度
广告销售、在线广告	35	基础保护
网站、搜索引擎	42	
App、计算机软件	9	
在线社交网络服务	45	垂直服务
招聘、电商	35	
小说	41	
房产	36	
音乐、游戏	41	
社交	38	
游戏	41	
通信服务	38	

2. 商标名称查询

将产品名称注册为商标，需要在确定产品名称阶段综合考虑商标审查的各种要求。通常需要做到以下三点。

（1）要避免一些禁忌

·含有国家名称、国际组织名称等官方性质标志或者近似的；

·不能带有行业通用词汇；

·有伤风化或者有其他不良影响的；

·夸大宣传并带有欺骗性的。

（2）查询是否已经被注册

查询网站：国家商标总局官网。

如果要注册的类别，相同产品名称已经被注册为商标，需要考虑新的产品名称。

（3）进一步判断是否有近似商标

将产品名称告知商标代理机构，由代理机构再次进行专业查询，代理机构会结合是否有近似商标、是否符合相关规定等多方面去考量给出大致的通过率。如果存在近似商标，那么会被告知不建议注册，并给出相应的修改建议。

3. 准备申请材料

（1）公司申请：营业执照副本复印件、清晰的商标标识。

（2）个体工商户申请：营业执照副本复印件、清晰的商标标识、身份证复印件。

4. 确定申请内容

大多数商标以纯文字为主，直接申请就可以。如果是简短的英文字母组成，则需设计。

部分公司的商标是组合商标，包含文案、图形等多种元素。这种情况建议根据查询结果进行判断。

（1）一般情况下建议将商标拆开，把各个元素单独申请，因为组合商标申请时，审查员会按照不同的元素单独去审查。如果其中某个元素无法注册，就会导致整个商标无法通过注册；

（2）如果商标某个组成元素可能被认为缺乏显著性，则需组合申请。

5. 商标局受理

提交申请后，会经历形式审查、实质审查、公告期三个阶段，最终获得商标注册证书，图5-1为注册商标的简要流程。

商标申请	受理通知书	确定是否可以注册	商标注册证
1个工作日	3个月左右	9个月	13个月

图5-1　注册商标的简要流程

注册商标时要注意以下几点。

（1）商标注册是否可以保证100%成功？

任何商标都不可能保证100%注册成功。主要受两方面影响：一是商标的审查标准具有一定主观性，受到商标审查员知识结构、经历等影响；二是一个商标从提交到网上能查到信息有一个月左右的空白期，通称盲查期。如果盲查期内有相同或近似的商标已在申请中，也无法被查询到。

（2）商标注册成功后还需要注意哪些方面？

商标注册成功后并不代表就会一直拥有该商标权，对商标权的运营也是需要企业注意的，下面是很多公司经常疏忽的事项：

① 收集商标使用证据

如果商标注册后，三年没有使用，是可以被其他人申请撤销，从而使他人获得该商标及其权利的，这个做法叫作"商标撤三"。所以在使用过程中，要收集体现该商标的相关证据，如合同、发票、宣传资料等，表明自己在长期使用该商标，避免被别人申请"商标撤三"。

② 正确使用商标

注册商标必须使用在核定使用的产品和服务上，比如，自己的商标申请的是手机类别，那么实际商业行为中将商标使用在服装上就不属于正确使用，不会受到相应的保护。

注册商标专用权以核准注册的商标为限，比如，你注册的商标名称是"滴滴打车"，使用时是"滴滴叫车"，不属于正确使用，也不会受到保护。

③更新商标备案信息

当企业名称或地址发生变更时，要及时对商标信息进行变更。

（3）公司是否需要注册国际商标？

主要看自己公司的业务是否需要，因为商标专用权具有地域性特征，在中国注册受保护的商标在国外是不受保护的。如果公司有进入国际市场的规划，那么在早期就应该进行商标布局。国际注册的方式有两种：第一种是逐一国家注册，即企业分别到各国商标主管机关办理商标注册申请手续；第二种是马德里国际注册申请。

《商标国际注册马德里协定》简称《马德里协定》，是为了简化申请人在其他多个国家内商标注册手续的国际协定，条约由包括美国、欧盟各国、日本、韩国、英国等共计53个成员国共同缔结而成，现在中国适用马德里国际申请的同属协定和议定书缔约方有52个国家，纯议定书缔约方有45个国家。

中国作为马德里商标协定国之一，注册了中国国内的商标，并不代表马德里协定的全部国家都会生效。如果企业想要获得某些协定国的商标保护，需要先申请国内商标，再申请马德里协定中的其他国家保护就可以了。

6. 商标的具体分类

第一类：用于工业、科学、摄影、农业、园艺和林业的化学品；未加工人造合成树脂；未加工塑料物质；肥料；灭火用合成物；淬火和焊接用制剂；保存食品用化学品；鞣料；工业用黏合剂。

第二类：颜料，清漆，漆；防锈剂和木材防腐剂；着色剂；媒染剂；未加工的天然树脂；画家、装饰家、印刷商和艺术家用金属箔及金属粉。

第三类：洗衣用漂白剂及其他物料；清洁、擦亮、去渍及研磨用制剂；肥皂；香料，香精油，化妆品，洗发水；牙膏。

第四类：工业用油和油脂；润滑剂；吸收、润湿和黏结灰尘用合成物；燃料（包括马达用燃料）和照明材料；照明用蜡烛和灯芯。

第五类：药品、医用和兽医用制剂；医用卫生制剂；医用或兽医用营养食物和物质，婴儿食品；人用和动物用膳食补充剂；膏药，绷敷材料；填塞牙孔用料，牙科用蜡；消毒剂；消灭有害动物制剂；杀真菌剂，除锈剂。

第六类：普通金属及其合金；金属建筑材料；可移动金属建筑物；铁轨用金属材料；普通金属制非电气用缆线；五金具，金属小五金具；金属管；保险箱；矿石。

第七类：机器和机床；马达和引擎（陆地车辆用的除外）；机器联结器和传动机件（陆地车辆用的除外）；非手动农业器具；孵化器；自动售货机。

第八类：手工具和器具（手动的）；刀、叉、勺等餐具；随身武器；剃刀。

第九类：科学、航海、测量、摄影、电影、光学、衡具、量具、信号、检验（监督）、救护（营救）和教学用装置及仪器；处理、开关、传送、积累、调节或控制电的装置和仪器；录制、通信、重放声音或影像的装置；磁性数据载体，录音盘；光盘，DVD 盘和其他数字存储媒介；投币启动装置的机械结构；收银机，计算机器，数据处理装置，计算机；计算机软件；灭火设备。

第十类：外科、医疗、牙科和兽医用仪器及器械，假肢，假眼和假牙；矫形用物品；缝合用材料。

第十一类：照明、加热、蒸汽发生、烹饪、冷藏、干燥、通风、供水以及卫生用装置。

第十二类：运载工具；陆、空、海用运载装置。

第十三类：火器；军火及弹药；爆炸物；烟火。

第十四类：贵重金属及其合金，首饰，宝石和半宝石；钟表和计时仪器。

第十五类：乐器。

第十六类：纸和纸板，不属别类的纸和纸板制品；印刷品和办公用品；装订用品；照片；文具；文具或家庭用黏合剂；艺术家用或绘画用材料；画笔；教育或教学用品；包装和打包用塑料纸、塑料膜和塑料袋。

第十七类：未加工和板加工的橡胶、古塔胶、树胶、石棉、云母及这些材料的代用品；生产用成型塑料制品；包装、填充和绝缘用材料；非金属软管和非金属柔性管。

第十八类：皮革和人造皮革；毛皮；行李箱和背包；雨伞和阳伞；手杖；鞭、马具和鞍具；动物用项圈。

第十九类：非金属的建筑材料；建筑用非金属刚性管；柏油，沥青；可移动非金属建筑物；非金属碑。

第二十类：家具，镜子，相框；不属别类的木、软木、苇、藤、柳条、角、骨、象牙、鲸骨、贝壳、琥珀、珍珠母、海泡石制品，这些材料的代用品或塑料制品。

第二十一类：家用或厨房用器具和容器；梳子和海绵；刷子（画笔除外）；制刷材料；清洁用具；钢丝绒；未加工或半加工玻璃（建筑用玻璃除外）；不属别类的玻璃器皿、瓷器和陶器。

第二十二类：缆，绳，网，帐篷，遮篷，防水遮布，帆，袋和包（不属别类的）；衬垫和填充材料（橡胶或塑料除外）；纺织用纤维原料。

第二十三类：纺织用纱和线。

第二十四类：织物及其代替品；家庭日用纺织品；纺织品制或塑料制帘。

第二十五类：服装，鞋，帽。

第二十六类：花边和刺绣，饰带和编带；纽扣，领钩扣，饰针和缝针；假花。

第二十七类：地毯，地席，席类，油毡及其他铺地板材料；非纺织品制墙帷。

第二十八类：游戏器具和玩具；体育和运动用品；圣诞树用装饰品。

第二十九类：肉，鱼，家禽和野味；肉汁；腌渍、冷冻、干制及煮熟的水果和蔬菜；果冻，果酱，蜜饯；蛋；奶和奶制品；食用油和油脂。

第三十类：咖啡，茶，可可和咖啡代用品；米；食用淀粉和西米；面粉和谷类制品；面包、糕点和甜食；冰制食品；糖，蜂蜜，糖浆；鲜酵母，发酵粉；食盐；芥末；醋，沙司（调味品）；辛香料；冰。

第三十一类：谷物和不属别类的农业、园艺、林业产品；活动物；新鲜水果和蔬菜；种子；草木和花卉；动物饲料；麦芽。

第三十二类：啤酒；矿泉水和汽水以及其他不含酒精的饮料；水果饮料及果汁；糖浆及其他制饮料用的制剂。

第三十三类：含酒精的饮料（啤酒除外）。

第三十四类：烟草；烟具；火柴。

第三十五类：广告；商业经营；商业管理；办公事务。

第三十六类：保险；金融事务；货币事务；不动产事务。

第三十七类：房屋建筑；修理；安装服务。

第三十八类：电信。

第三十九类：运输；商品包装和贮藏；旅行安排。

第四十类：材料处理。

第四十一类：教育；提供培训；娱乐；文体活动。

第四十二类：科学技术服务和与之相关的研究与设计服务；工业分析与研究；计算机硬件与软件的设计与开发。

第四十三类：提供食物和饮料服务；临时住宿。

第四十四类：医疗服务；兽医服务；人或动物的卫生和美容服务；农业、园艺和林业服务。

第四十五类：法律服务；由他人提供的为满足个人需要的私人和社会服务；为保护财产和人身安全的服务。

5.2 著作权

5.2.1 什么是著作权

著作权分为软件著作权和作品著作权两大类。软件著作权主要是公司所开发的 App、网站、后台等类型的软件产品；作品著作权主要是美术作品、文字作品、摄影作品、词曲、视频、其他汇编等多种类型的作品。

互联网公司，一般可以登记为软件著作权的有开发的软件、手机 App、网站程序等；可以登记为作品著作权的有 icon（图标格式）、短视频、文字作品、图形商标的 Logo 等。

5.2.2 登记著作权的好处

1. 保护自己的权益，防止被山寨

如果没有登记著作权，一旦发生侵权纠纷，就需要提供大量的证据来证明其权利，不利于维权。登记了著作权，维权会更容易。

2. 有助于获得政府扶持

（1）拥有六个软件著作权或六个实用新型或一个发明专利是申请高新技术企业的必要条件，成为高新技术企业后可以享受相关税收优惠、为员工增加落户、办理工作居住证等机会。

（2）当软件申请获得软件著作权登记证书后，再继续做软件评测报告，即可享受相关税收减免优惠政策。

（3）有资格申请国家相关创新资金等项目的资金扶持。

5.2.3 著作权登记流程

软件著作权登记共有以下四个步骤：

（1）网上注册阶段，需要登录版权中心网站注册账号登记相关信息

（2）填报申请表和准备登记材料，去国家保护版权中心报交

（3）提交申请后，版权中心会现场发放受理通知书，通知书上有说明领取证书时间

（4）按照约定时间，通常是申请后约30个工作日，前去领取著作权登记证书

※ **Tips：**

在登记软件著作权时，需要考虑到多平台保护。很多软件开发者只做iOS平台或者Android平台，其实软件开发者应该尽量去进行多平台登记保护，这样可以更全面地保护自己的权益。

比如在开发一款iPhone的App时，后期的迭代优化也都围绕iOS版本，不会涉及Android版本。但是也应该开发一个简单的Android版本并进行登记，这样可以保护自己的产品和设计理念不被其他Android开发者盗用。

5.3 专利

5.3.1 什么是专利

专利分为发明、实用新型、外观设计三种类型。

发明是指对产品、方法或者其改进所提出的新的技术方案。

实用新型是指对产品的形状、构造或者其结合所提出的适于实用的新的技术方案。一般对日用品、机械、电器等产品的简单改进比较适用于申请实用新型专利。

外观设计是指对产品的形状、图案或者其结合以及色彩与形状、图案的结合所作出的富有美感并适于工业应用的新设计。互联网公司通常会涉及的图形用户界面（GUI）也属于外观设计保护范畴。

5.3.2 申请专利的好处

1. 市场保护

专利申请后即可受到法律保护，在专利权保护期限内可垄断市场，防止竞争对手模仿。当你发现电商平台（如天猫）上有产品模仿自己的技术时，可以向电商平台出示专利证书，要求平台下线相关侵权产品。

2. 获得收益

拥有专利权后，可以通过许可他人使用专利或者转让专利等获得收益。

3. 税收优惠

拥有专利后可以帮助公司进一步申请高新技术企业、创新基金，获得国家补助及税收优惠，降低公司经营成本。

4. 彰显实力

突出拥有专利权是公司在市场宣传中彰显实力的重要方式。很多互联网公司，在举办发布会和投放广告时都会宣传自己获得多少专利，来证明自己的实力进而获得顾客的认可。

5. 防止被他人抢先申请

他人抢先申请后，会导致自己也不能再使用专利，否则，将面临侵权赔偿风险。

5.3.3 申请专利的流程

发明、实用新型、外观设计三种类型的专利申请流程不完全相同。

1. 发明专利申请流程（见图5-2）

图5-2 发明专利申请流程

2. 实用新型专利和外观设计专利申请流程（见图5-3）

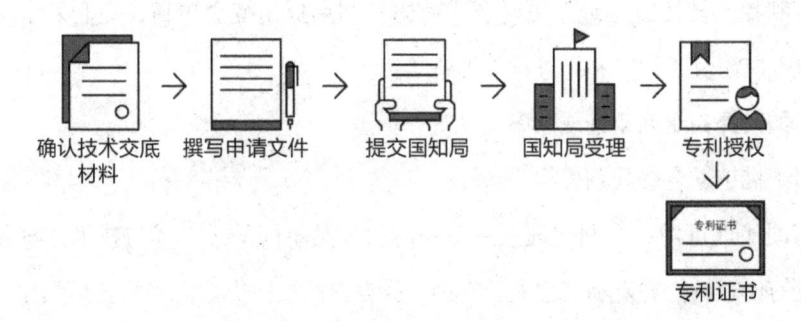

确认技术交底材料 → 撰写申请文件 → 提交国知局 → 国知局受理 → 专利授权 → 专利证书

图5-3 实用新型专利和外观设计专利申请流程

5.3.4 申请专利的常见问题

1. 公司什么时候准备专利申请

越早申请越好。专利权的保护日期是从申请日开始计算，因此，发明人应该尽早对专利进行申请保护。发明人在研发新的产品或成果时，只要理论上可以实施或者运行，就可以申请专利，不必等到产品生产出来或技术成果公布后才来申请，以防止研发成果被他人提前申请，或者因为在论文或杂志上提前公开，对专利申请造成不利影响。

注意，专利保护具有地域性特征，若公司后期发展会进入国际市场，则要提前做好国际专利布局。

2. 专利申请成功后还需要注意哪些事项

（1）别忘了续费

专利需要每年缴纳年费来维持专利有效，因此，专利权人需要每年缴纳专利年费。

（2）延续保护期限

专利有保护年限，发明保护20年，实用新型和外观设计保护10年，因此，专利权人需要不断改进技术并申请专利，才能延续专利保护的期限。

（3）及时更新备案信息

专利权人转让或地址变更时要及时向专利局提出变更申请，专利发生质押或许可时也应该及时到专利局进行许可备案。

3. 如何提高专利申请成功率

（1）挑选适合的代理机构

不同代理机构和专利代理人所擅长的领域是不同的。选择与技术方案领域相关专业的代理机构和专利代理人，有助于让自己的技术方案专利权益最大化。

（2）保证充分沟通

在介绍技术方案和阅读专利申请文件时，要保证与代理机构和专利代理人详细沟通。专利代理人对技术方案的了解程度直接影响申请通过率和权利保护范围。

5.4 选择适合公司阶段的知识产权解决方案

在公司发展早期，出于成本考虑，通常会选择与一家靠谱的知识产权代理机构合作，把公司所涉及的商标、著作权、专利等事项交给代理机构去完成，公司需要做的就是保持与代理公司密切沟通，确保自己的相关权益得到保护。

如果公司进入成熟期，并且有大量的知识产权项目需要保护时，就需要搭建公司自己的知识产权团队，因为自有团队会对公司整体的业务发展有更全面的认识，可以进行更好地进行知识产权布局，如提前申请专利、商标以及相应的域名等工作。

知识产权保护是一项长期、系统性的工作。公司的一件产品可能会包含商标、著作权、专利等多方面知识产权保护。因此，选择适合公司阶段的知识产权解决方案非常重要。

第六章
员工招聘

招聘员工时，是招有能力的人，还是招听话的人？如何挑选员工？如何留住核心员工？本章从四个层面来分别讲解一下员工招聘问题。

6.1 兼职合伙人可行吗

虽然不建议合伙人兼职，但是现状就是初创团队真的很难快速聚集一个齐备的团队，兼职的合伙人在事情的推进速度上肯定是没法和全职创业者相比的，因为他主业或者生活上的很多问题都会牵扯到他投入在创业上的精力，他的工作和付出也很难量化或者是评估。同时，有的也会存在比较强的观望心态，就是项目进展好，我就多投入一些；项目没什么进展，我就等等，这对初创公司来说是非常不利的。尤其是当项目不顺利的时候，他们的撤离速度往往是最快的。

因此，在面对合伙人要兼职这件事时，一方面，要反思一下自己的项目本身是不是存在问题，让对方没有信心把全部精力投入项目中；同时也要考量一下对方的动机，是真心想一起合作，还是只想拿这个项目当作一个沉没成本较低的投资而已。另一方面，也要考虑一下，兼职合伙人对自己的团队而言是否真的是不可或缺或者是无法替代。如果都没有什么问题，就邀请对方认真地讨论以下问题：什么时候、什么条件下可以全职，股权怎么分配，以及股权成熟期等。

在创业过程中，产品会变，模式会调整，甚至连方向都有可能倾斜，其中变量最小的就是创始团队。即便是一个优秀的团队在创业的过程中也很难一帆风顺，更何况是在最初就半推半就的兼职创业者。

6.2　如何筛选、晋升优秀员工

6.2.1　有能力和听话的员工

招聘员工时，是招有能力的人，还是招听话的人呢？

有人觉得在初创阶段应该先招听话的人，因为公司初期不稳定，需要更多的执行者，有能力的人想法多，很容易让团队分散注意力。

但是在任何阶段，公司都应该优先招有能力的人，尤其是初创阶段。因为在这个阶段是一个公司最关键的阶段，创始人更是抱着孤注一掷的心态在开创事业，要在一个相对拥挤的商业环境里，硬生生地闯出一片天地，困难和问题都很多，而一个有能力的人，如果在某些地方独当一面，是可以大大减少企业初创时的压力的。

就像我们看到的，很多企业在困难时期因为一些有能力的人的加入而走出困境，其实这在人才市场上也很容易看出来，有能力的人有多少？而听话的人又有多少？说得扎心一点儿，一些人听话，只是因为他们还没有不听话的能力和底气而已，能力强又听话的人几乎是不存在的。

对于有能力的优秀人才，需要让他认同公司的发展目标和价值观，认同你的能力，信任你的人格，并和你建立同一个目标。然后你需要满足他的需求，无论是薪酬还是提升的空间。如何平衡好能力和听话的关系，是创始人或管理者需要考虑的首要问题。

6.2.2　晋升员工的标准是什么

如何判断一个员工值不值得重用？相信每个人都有自己的答案。

有的人会说，重用一个人要从"价值思维"判断，看他面对一项工作任务是否能够从组织整体的角度看待工作，有没有想事情背后的"为什么"，思考做这件事对组织的价值。有的管理者会重点看员工是否具备协同思维，在做事时，能不能充分考虑组织的分工与协作，通过调动相关部门的资源，一起完成工作任务；还有的管理者会考虑员工是否具备分寸思维，在组织规则和环境具备公平公正的前提下，不提让组织为难的要求，不做有违组织文化和规则的事情。

的确，这些都可能构成我们是否要重用一个人的某些标准，不过它们并不是最重要的标准。

《卓有成效的管理者——如何发挥人的长处》一书认为，真正判断一个人能不能用的唯一标准，就是绩效。

正如杰克·韦尔奇所述："公司只有这么多资金和精力，想要赢的负责人，必须将资金投放到回报最丰富的地方，同时减少不必要的损失。"

因此，最重要的就是考核绩效。只有一个人的工作业绩是好的，才会去看他的过程和方法；如果一个人的工作没有结果，看过程是没有用的，我们只会为过程鼓掌，然后根据绩效付报酬。

此时，也有人会有一个疑问："如果以绩效评价一个员工的好坏，留下了业绩出色但价值观有偏差的员工怎么办？"

实际上绩效是多维度的，既要考核管业务的能力，也要考核管团队的能力，而价值观是非常重要的绩效标准。因此，不会出现绩效很好但价值观有偏差的情况。

到此处，问题已经说得很透彻了。当我们要决定人员晋升时，要根据绩效来判断。

任何一次提拔都是一次赌注，但根据绩效来判断，用一组数据，而不是一个数据来体现一个员工的优秀水平，便能轻松地看出哪个人有过人之处。抓住人的长处，才是合理的。

6.3 领导力是画大饼吗

"胃不好,消化不了领导画的大饼。"这可能是我见过最真实又好笑的离职理由了。

其实,画饼能力对老板来说,真的是一项基本功。因为不仅是对员工画饼,对合作伙伴、投资方都是需要画饼的。我也曾被员工反向画过饼,也被一些领导和合作商画过饼,里面有些"饼"真的是连自己都画不下去了。比如一旦开始合作了,下一步就能打造某商业巨头之类的,我好心帮他圆场落地,谁知他还能接着画,那我肯定要笑场啊。

其实画饼本身是一件好事儿,对公司内外都是在构建同一个基于想象的目标,去认可同一个未来价值,在这个过程中,或者是在终点,双方都能获得自己想要的。问题就是太多人张口就是颠覆、上市、财富自由这些空中楼阁。

"我们公司扎根于某某行业,在细分赛道上拥有极大门槛的多链路底层解决方案,进行了颠覆性的创新,在未来必将能赋能于每个自然人,并实现完美的商业闭环。三年内IPO,到时,在座的各位都能财务自由,所以在这个最佳事业平台上奋斗吧,拼搏吧,不要在意眼前的薪资,不要短视,努力到无能为力吧,去想想自由的那一天去哪里旅行吧……"对于这种饼,那的确是消化不了。空谈理想、未来发展、人生意义,最后全部是空中楼阁。

创业者给够薪酬，对于优秀的人加上期权激励。提醒一点，也别只把期权当作挤压薪水的手段，提供一定的能力空间，让他们去挑战略微超出能力范围的事，让他们获得成长。他们的成长也是公司的成长，一旦成长了，激励也要落实。

当然，企业要画一个共同的愿景和价值观的大饼，需要在一些时刻给大家前进的信心，阶段性的成功、产品价值的认同、来自用户的认可，让每个人都能感受到自己的存在和努力的价值。让员工始终都拥有饱满的精神状态，这才是长久之计。

领导力的本质是在一群人中创造愿景、感召和动力的能力。

愿景是对组织的未来和实现其目标的方法进行积极描述。为了创造一个共同的愿景，管理者总是渴望新鲜的想法与组织的战略相适应。

感召是组织中个人的感召，是激励人们做出改变的力量。管理者运用人际关系技巧来激励下属，帮助下属意识到在实现目标和实现目标的过程中，他们能从中获得怎样的收益。

动力是一个组织计划的动力，是组织到达目的地的支撑。管理者运用自身精力和解决问题的能力，把任务引向正确的方向。

无论团队或组织的战略和财务目标是什么，无论团队是大还是小，管理者都在尽其所能实现这些目标，这些是他们创造的东西。

我们追随管理者是因为我们信任他们，只有当一个管理者赢得了团队的信任，才能取得显著的成绩。

6.4 做管理，不能害怕员工离开

在培养员工时，所有公司都会考虑这样一个问题："我花费巨大成本培养员工，员工强大后，离开了怎么办？"维珍的创始人理查德·布兰森对此有个经典的回答："栽培员工，让他们强大到足以离开；对他们好，好到让他们想要留下来。"

6.4.1 创业时最可怕的是哪类员工

人才大量流失是件可怕的事情。有人愿意给更高的薪酬、福利、晋升空间，良禽当然择木而栖，人才流动是市场导向的结果，这是很正常的事。人才就好比是企业的血液，人才的多寡在一定程度上决定了企业成长速度的快慢。因此，公司要有应对人才流失的机制。

人才从何而来？有两种途径：一种是进行外部"输血"，另一种是进行内部"造血"。外部"输血"就是不断选拔招聘、引进人才；内部"造血"就是建立培养体系，栽培人才。

选拔是非常重要的，如果选拔的人不对，招进了价值观不一致的人，培养也是无效的。

6.4.2 优秀员工为什么会离开

管理是通过他人拿结果，培养人是管理者的天职。

只有员工进步了，你的产品和服务才会有进步，公司才能向前发展。

如果员工不变化，你的产品也是不会变化的；如果员工不进步，你的企业也是不会进步的。

所以，培养员工是一家公司最重要的投资，当你让员工越来越值钱，你的企业也就会越来越值钱。

千万不要害怕花时间和精力培养员工，也不要害怕培养了员工而他却离开了。如果你抱着这种想法，这些人大概率就会离开。

一个员工选择成为公司的一员，有着诸多的原因，如愿景、品牌、价值观、薪水、机会等。但是，一个员工离开公司，其理由却可能有着共同之处。一般而言，员工离开公司无外乎两种情况。

1. 公司发展太快，员工跟不上

当公司快速发展，新形势衍生了新变化，新业务提出了新需求时，员工跟不上公司的发展，无法产出业绩，实现不了价值，这时候就会主动或被动离开。

对于这种情况，你就要反思：你有没有尽到管理者的责任，你有没有做好人才培养，你有没有激励他、辅导他。当你做了该做的一切，真正帮助过他、辅导过他，他却仍然无法进步，那么他的离开，对于双方来说都是一件好事。

2. 员工成长太快，公司跟不上

员工个人能力很强，但是公司的绩效制度、文化跟不上，管理者的管理水平低下，能力平庸，已经极大地阻碍他的进步时，他就会选择离开。

如果是公司跟不上员工的进步，那你更没有理由阻止员工的离开。你给不了对方想要的，主动放手便是最好的选择。

权利是争取来的，而不是被赋予的。越是优秀的人，在职场上越拥有选择的权利。既然公司有权利选拔强者作为自己的员工，并淘汰掉那些不合适的人。那么，那些能力强的员工，当然也有权利淘汰掉那些跟不上他进步速度的公司。

6.4.3 如何留住核心员工

核心员工对于公司的作用不言而喻，那么如何留住核心员工呢？

你要对他好，好到让他想要留下来。如何对员工好？

1. 你要给予他超出期待的薪水

马斯洛需求层次理论的第一层就是生理需求，只有满足员工的生理需求，给予足够丰厚的物质激励，才有可能留住他。

很多公司之所以留不住人才，就在于老板太抠门，既想让员工多干活，一个人创造两个人的业绩，又想着法子省钱，克扣员工的薪资和福利。

但是，光涨薪水也不行。涨薪水确实会开心，但这种开心是暂时的，用不了多久，员工就会觉得这是他应得的。因此，你应该给他有挑战性的绩效激励。

绩效激励的奖金是伴随着目标的完成度而设置不同阶梯的，当他达成一个高目标时，能够获得组织给他的超额回报，那种成就感是非常强烈的。

2. 你要给予他成长和发展的机会

对员工的关怀不仅仅是体现在薪水上，更重要的是你要给予他成长和发展的机会。

3. 员工和管理者最好的关系是彼此成就

企业为员工发展提供平台，为员工成长提供各种培训，而员工依附平台，不断提升自己的能力，创造价值。

当员工蝶变成为一名"明星员工"，创造出更大价值的时候，也就是他给企业带来最大效益的时候。

4. 你要激发善意，让他们自愿追随

世界管理大师彼得·德鲁克说，管理的本质，其实就是激发和释放每一个人的善意。

作为管理者，你每天面对着形形色色的员工，你要识人心，懂人性，正视人性中的善与恶，正视一个人的优点与弱点。你要激发人的善意，让他更有责任心，更具自驱力，同时激发他的潜能，让平凡人做非凡事。你更要做到视人为人，真正从内心去关心他，给予他应有的尊重。

阿里巴巴有一个传统：每年春节会给员工的家人寄出一本特制的"阿里家书"，除了春联、台历和窗花等小礼品外，还常会附上一封CEO亲笔信。虽然并不是什么贵重的东西，但每一位收到家书的员工亲属都能感受到阿里巴巴的用心。你把员工当成自己人，让他真正感受到了你的好，自然就会留下来。

《领导力21法则》中说，员工会自然地尊重比他们强的领导。

如果你是一个平庸的管理者，又如何能够让能力强的员工追随呢？只有当你不断提升你的管理能力和领导力时，才会让员工自愿追随。

因此，做管理，就不要害怕员工离开。如果你想留住最优秀的人才，那你先要成为更优秀的管理者。

第七章
建立完善的员工管理制度

员工是创业公司最重要的资产。完善的员工管理制度，会有助于员工更好地在各自岗位发挥作用。对于建立完善的员工管理制度来讲，其实最重要的是找一位有经验且能融入创业团队的 HR 负责人。早期，在找不到合适的 HR 负责人的情况下，很多制度和规范需要创始团队自己来做。下面我们为大家整理了一些早期创业公司员工管理制度上应注意的事项。

7.1 和员工签订劳动合同

7.1.1 为什么要和员工签订劳动合同

1. 不签订劳动合同会面临法律处罚

《中华人民共和国劳动合同法》第八十二条规定：

用人单位自用工之日起超过一个月不满一年未与劳动者订立书面劳动合同的，应当向劳动者每月支付二倍的工资。用人单位违反本法规定不与劳动者订立无固定期限劳动合同的，自应当订立无固定期限劳动合同之日起向劳动者每月支付二倍的工资。

《中华人民共和国劳动合同法》第十四条规定：

用人单位自用工之日起满一年不与劳动者订立书面劳动合同的，视为用人单位与劳动者已订立无固定期限劳动合同。

总结一下，就是从员工入职之后，如果一个月内没签劳动合同，就要每个月支付两倍工资；如果超过一年没有签劳动合同，不仅要支付两倍工资，还视为已经签订了无固定期限的劳动合同。

这两条法律明显是为了保护劳动者的，在实际的劳动仲裁案例中，员工如果因为公司没有签订劳动合同，主张双倍工资赔偿，仲裁庭一般会支持劳动者。

因此，作为用人单位要注意：一定要在员工入职一个月之内签订劳动合同。

2. 签订劳动合同，对双方权益都是一个保障

劳动合同会约定双方的权利义务关系，首先对员工来说，可以保障劳动安全、工资正常发放、不能被随意开除等合法权利；其次对公司来说，也是一种保障，公司可以要求员工履行所在岗位的职责，稳定员工队伍，保障公司的正常运行。

有些公司招到新人后先不签劳动合同，先试试员工能力，不行就不要了，这样的做法有风险。如果超过一个月没有签订劳动合同，只要员工提起劳动仲裁，要求双倍工资赔偿，仲裁委基本都会支持。如果是为了考察员工能力，更正规的做法是，在劳动合同里约定试用期来实现。

7.1.2 劳动合同与劳务合同不能随便签

劳动合同是劳动者与用人单位确立劳动关系，明确双方权利和义务的协议。

劳务合同是平等主体的公民之间、法人之间、公民与法人之间，以提供劳务为内容而签订的协议。两者有着本质的区别（见表7-1）。

表7-1 劳动合同与劳务合同的区别

类型	适用对象	适用税率	维权机构
劳动合同	正式员工	工资阶梯制税率	劳动仲裁委员会
劳务合同	指个人独立从事各种非雇佣的各种劳务，如兼职等	适用比例税率，税率为20%。对劳务报酬所得一次收入畸高的，可能实行加成征收	法院

根据《中华人民共和国劳动合同法》和劳动法的规定，劳动者只能与一个用人单位签订一份正式的劳动合同或者劳务合同，所以不能同时签订劳动合同与劳务合同。

【案例说法】

刘某2011年入职某公司，双方签订劳动合同，约定合同期限自2011年12月至2014年12月。后双方将该合同续签至2019年12月。2018年5月，双方签订《解除劳务聘用关系协议书》，约定双方劳务聘用关系自2018年5月终止，公司欠刘某的劳务费分三笔给付，但到期后该公司未付清劳务费。2019年刘某申请劳动仲裁，劳动仲裁委员会认为该仲裁请求不属于劳动人事争议仲裁受理范围。

刘某遂向法院提起诉讼。法院查明刘某2012年到达法定退休年龄，开始领取退休金。虽然双方签订了劳动合同，但自刘某开始享受基本养老保险待遇之日起，双方的劳动关系就终止了。根据相关法律规定，用人单位与其招用的已经依法享受养老保险待遇或者领取退休金的人员发生用工争议而提起诉讼的，法院应当按劳务关系处理。法院经审理将案由变更为劳务合同纠纷，判决某公司向刘某付清所欠劳务费。

法官表示，劳动合同和劳务合同虽然只有一字之差，但法律意义大不相同。劳动合同是用人单位与劳动者之间确定劳动关系的用工合同，以劳动者成为用人单位内部员工为目的；劳务合同是提供劳务一方为接受劳务一方提供服务的合同，以提供劳务方的劳动行为作为合同标的。

在权利义务方面，劳动合同的双方主体间不仅存在财产关系，还存在人身关系，劳动者必须遵守用人单位的规章制度，用人单位负有为劳动者缴纳社会保险等法律责任；劳务合同的双方主体之间只存在财产关系，提供劳务一方无须成为用工单位的成员。

在救济途径方面，劳动争议出现时，争议一方应先到劳动仲裁委员会申请劳动仲裁，不服仲裁结果并在法定期间内才可到法院起诉；劳务合同纠纷出现后，争议双方可直接向法院起诉。

[资料来源：倪弋.劳动合同与劳务合同一字之差意义不同（以案说法）. http://paper.people.com.cn/rmrb/html/2021-05/27/nw.D110000renmrb_20210527_3-19.html]

7.1.3 辞退员工的注意事项

辞退员工分两种：一是无过失性辞退；二是过失性辞退。

两者最大的区别就在于，过失性辞退，企业不需要向员工支付补偿金，而无过失性辞退，需要支付补偿金。

先来看一下无过失性辞退，我们经常听到一个公司辞退一名员工要支付"N+1"的补偿。那么这个"N+1"是怎么来的呢？

《中华人民共和国劳动合同法》第四十七条 经济补偿的计算。经济补偿按劳动者在本单位工作的年限，每满一年支付一个月工资的标准向劳动者支付。六个月以上不满一年的，按一年计算；不满六个月的，向劳动者支付半个月工资的经济补偿。

劳动者月工资高于用人单位所在直辖市、设区的市级人民政府公布的本地区上年度职工月平均工资三倍的，向其支付经济补偿的标准按职工月平均工资三倍的数额支付，向其支付经济补偿的年限最高不超过十二年。

本条所称月工资是指劳动者在劳动合同解除或者终止前十二个月的平均工资。

这条法律就是"N"的来源，工作几年，就要赔偿几个月的工资。六个月以上，不满一年的，按一年算；不满六个月的，要支付半个月的工资。工资是按劳动合同解除前的十二个月的平均工资来计算。

《中华人民共和国劳动合同法》第四十条 无过失性辞退。有下列情形之一的，用人单位提前三十日以书面形式通知劳动者本人或者额外支付劳动者一个月工资后，可以解除劳动合同：（一）劳动者患病或者非因工负伤，在规定的医疗期满后不能从事原工作，也不能从事由用人单位另行安排的工作的；（二）劳动者不能胜任工作，经过培训或者调整工作岗位，仍不能胜任工作的；（三）劳动合同订立时所依据的客观情况发生重大变化，致使劳动合同无法履行，经用人单位与劳动者协商，未能就变更劳动合同内容达成协议的。

总结一下，就是要么提前30天通知，要么额外付一个月的工资。这就是

"N+1"的"1"的来源。

因此，如果没有什么特殊理由，辞退一名员工，企业要支付员工"N+1"个月工资的补偿。

我们再来说说过失性辞退。很多时候企业想要辞退一名员工，企业认为是过失性辞退，但是员工并不这么认为。那这里就出现一个问题，如何界定过失性辞退和无过失性辞退。

《中华人民共和国劳动合同法》第三十九条　用人单位单方解除劳动合同（过失性辞退）。劳动者有下列情形之一的，用人单位可以解除劳动合同：（一）在试用期间被证明不符合录用条件的；（二）严重违反用人单位的规章制度的；（三）严重失职，营私舞弊，给用人单位造成重大损害的；（四）劳动者同时与其他用人单位建立劳动关系，对完成本单位的工作任务造成严重影响，或者经用人单位提出，拒不改正的；（五）因本法第二十六条第一款第一项规定的情形致使劳动合同无效的；（六）被依法追究刑事责任的。

7.1.4　灵活运营试用期

我们招聘员工的时候，经常发现有人面试的时候表现很不错，但是入职之后，才发现各种问题。针对这种情况，可以在劳动合同里约定试用期。

在试用期内如果发现员工不能胜任该工作，企业可以单方面解除劳动合同，而不用向员工支付赔偿金。当然，权利和义务都是对等的，员工如果在试用期内不想继续工作，也可以单方面解除劳动合同，只要提前3天通知公司即可。

因此，公司管理者最好在试用期内尽量全方位测试员工的各方面能力，如果发现不能胜任工作岗位要及早更换。这里要注意的是，关于胜任工作岗位的标准，企业和员工可能会有不同的理解，最好能在员工入职的时候，就给员工定好岗位职责，并在过程之中留存一些证据记录，避免后续的麻烦。

试用期的时间长度，需要根据劳动合同签订的时间来确定：劳动合同期限3个月到1年的，试用期不得超过1个月；劳动合同期限1年到3年的，试用期不得超过2个月；劳动合同3年以上的，试用期不得超过6个月。

试用期内，工资也可以不用全额发放，但最低不能低于合同约定正式工资的80%。

企业可以根据岗位的需要，灵活决定签订合同的时间周期。核心岗位、管理层等重要岗位，可以签订时间周期长一些；执行层、流动性比较大的岗位，可以签订时间周期短一些。

7.1.5 公司的规章制度要明示

我们再来看《中华人民共和国劳动合同法》第三十九条"过失性辞退"的第二个条款——严重违反用人单位的规章制度的。

适用这个条款，需要有以下两个必要条件。

1. 公司要有明文公示的规章制度

企业需要把对员工的规定写在规章制度里，并公示出来。规章制度可以按需求分类别来公示，比如《员工考勤制度》《员工假期管理制度》《员工上班纪律》等。公示方式可以采用张贴在公司办公室墙上公示、在新人入职手册里公示、给新人入职后发邮件公示等方式。

2. 需要有员工违反公司规章制度的证据

比如员工多次上班迟到、早退、旷工，如果有考勤打卡的机器或软件，可以把这些记录留存起来。其他违反规章制度的场景，也可以通过拍照、录视频等方式采集证据。

只有把规章制度明文公示，且留存好员工违反规章制度的证据后，辞退不合格的员工时，才不容易产生纠纷。

【案例说法】

某互联网公司曾经发布了一条新闻，称开除一位高级工程师。这位工程师，从2012年就加入该公司，到2019年7月被辞退。如果按照无过失辞退，按照

"N+1"的规则，需要赔偿非常高的金额。但该公司把这个辞退定性为过失性辞退，该位员工不服，先是提起了劳动仲裁，后来又向法院提起了诉讼，该公司法务团队在劳动仲裁机构与法院受理过程中，提供了包含《劳动合同》《员工假期管理制度》以及工作安排邮件、工作沟通记录、休假记录、日常管理记录、办公楼视频等在内的证据材料。最后，经过两轮诉讼，该公司法务团队胜诉。

法院判该公司胜诉跟该公司的法务团队非常熟悉《劳动合同法》，做好了充分的证据收集有很大关系。

（资料来源：央视网．腾讯员工因"每天在岗不足8小时"被辞 反诉要加班费等500余万．https://baijiahao.baidu.com/s?id=1672245815384336025&wfr=spider&for=pc）

因此，建议各位创始人从一开始就把公司的规章制度公示出来，并做好日常考勤的记录，以备后续出现劳动纠纷时，有足够的证据可以支撑。

7.1.6 工资的约定

工资应该在劳动合同中写明。关于工资应注意以下三点：
（1）劳动者不得低于用人单位所在地的最低工资标准；
（2）试用期工资不应低于正式工资的80%；
（3）工资的组成部分要在合同中写明。除了基本工资，如果还有绩效，需要把绩效的评估及计算方式都在合同中写明。

7.1.7 离职证明

有些员工离职的时候，不交接工作直接就走了。员工离职后，去下家公司上班，下家公司为了避免纠纷，一般要求员工提供上家公司开具的离职证明。因此，企业也可以拿离职证明来作为一道关卡，让员工办完离职交接，交接人确认无误后，再出具离职证明。

7.2 给员工上五险一金

7.2.1 什么是五险一金

五险一金是由五种保险加一个公积金构成的。中国的保险分为商业保险和社会保险。商业保险是由居民自己选择的，一般是商业化的保险公司提供的保险服务，比如经常听到的人寿险、重疾险、大病医疗险等，都是商业保险。而社会保险是由国家强制要求参保的，主要目的是维持居民最基本的生活保障。

五险，是指社会保险中的五种保险，分别是养老、医疗、生育、工伤、失业保险。

一金，是指住房公积金。

五险一金，就是社保的五种保险，加上公积金。

有时候，我们会听到六险两金的说法。六险两金一般是在五险一金的基础上增加了一个补充医疗保险和企业年金。

社保里的医疗保险，并不能报销看病的所有费用；补充医疗保险，就是针对社保不能报销的部分医疗费用进行补充报销。比如，北京在职员工的门诊类医保起付线为1800元，封顶线为2万元，即员工年累计门诊费用只有达到1800元，且低于2万元的部分才能申请医保报销。当前大部分员工为年轻人，身体素质好，一年内极少去医院，所以能达到1800元的很少，中间如果偶发春季过敏、感冒、发烧等疾病，去一次门诊可能至少花费三四百，这也是一笔不小的开支。如果企业为员工缴纳了补充医疗保险，低于1800元和超出2万元的门诊费用也能报销，就在一定程度上减轻了员工压力。

企业年金则可以理解为补充养老保险，一般是公司针对长期稳定的员工设置的福利。

一般初创企业只需要考虑五险一金，等公司有了一定规模，想提升员工福利待遇，更好地留住员工，那么可以考虑增加补充医疗保险和企业年金。

附：北京市医保报销比例一览表（见表7-2、表7-3）。

表7-2 北京市城乡居民基本医疗保险医疗费用报销比例一览（一）

类别	起付线			报销比例（按医院级别）（%）			
	一级及以下	二级	三级	一级及以下	二级	三级	封顶线
门诊	100元	550元		55	50	50	4500元
住院	300元	800元	1300元	80	78	75~78	25万元

注：

①住院起付线特指本年度首次住院，老年人和劳动年龄内居民本年度第二次及以后住院，起付线减半。

②学生儿童的住院起付线均减半。

③区属三级定点医院住院报销比例为78%。

表7-3 北京市城镇职工基本医疗保险医疗费用报销比例一览（二）

	参保人员类别		起付线	封顶线	报销比例（％）	
					社区医院	其他医院
城镇职工	门诊类	在职	1800元	2万	90	70
		退休 70岁以下	1300元			85
		退休 70岁以上				90

	参保人员类别	起付线	医疗费用金额段	报销比例（％）		
				一级医院	二级医院	三级医院
城镇职工	住院类 在职	本年度第一次住院1300元，第二次及以后每次650元	1300~3万元	90	87	85
			3万~4万元	95	92	90
			4万~10万元	97	97	95
			10万~50万元	85		
	住院类 退休		1300元~3万元	97	96.1	95.5
			3万~4万元	98.5	97.6	97
			4万~10万元	99.1	99.1	98.5
			10万~50万元	90		

7.2.2 为什么要给员工上五险一金

1. 关于五险

《中华人民共和国社会保险法》第八十四条　用人单位不办理社会保险登记的，由社会保险行政部门责令限期改正；逾期不改正的，对用人单位处应缴社会保险费数额一倍以上三倍以下的罚款，对其直接负责的主管人员和其他直接责任人员处五百元以上三千元以下的罚款。

第八十六条 用人单位未按时足额缴纳社会保险费的,由社会保险费征收机构责令限期缴纳或者补足,并自欠缴之日起,按日加收万分之五的滞纳金;逾期仍不缴纳的,由有关行政部门处欠缴数额一倍以上三倍以下的罚款。

2. 关于公积金

《住房公积金管理条例》第十三条 单位应当向住房公积金管理中心办理住房公积金缴存登记,并为本单位职工办理住房公积金账户设立手续。每个职工只能有一个住房公积金账户。

第十四条 新设立的单位应当自设立之日起30日内向住房公积金管理中心办理住房公积金缴存登记,并自登记之日起20日内,为本单位职工办理住房公积金账户设立手续。

单位合并、分立、撤销、解散或者破产的,应当自发生上述情况之日起30日内由原单位或者清算组织向住房公积金管理中心办理变更登记或者注销登记,并自办妥变更登记或者注销登记之日起20日内,为本单位职工办理住房公积金账户转移或者封存手续。

第十五条 单位录用职工的,应当自录用之日起30日内向住房公积金管理中心办理缴存登记,并办理职工住房公积金账户的设立或者转移手续。

单位与职工终止劳动关系的,单位应当自劳动关系终止之日起30日内向住房公积金管理中心办理变更登记,并办理职工住房公积金账户转移或者封存手续。

第十六条 职工住房公积金的月缴存额为职工本人上一年度月平均工资乘以职工住房公积金缴存比例。

单位为职工缴存的住房公积金的月缴存额为职工本人上一年度月平均工资乘以单位住房公积金缴存比例。

第十七条 新参加工作的职工从参加工作的第二个月开始缴存住房公积金,月缴存额为职工本人当月工资乘以职工住房公积金缴存比例。

单位新调入的职工从调入单位发放工资之日起缴存住房公积金，月缴存额为职工本人当月工资乘以职工住房公积金缴存比例。

第十八条　职工和单位住房公积金的缴存比例均不得低于职工上一年度月平均工资的5%；有条件的城市，可以适当提高缴存比例。具体缴存比例由住房公积金管理委员会拟订，经本级人民政府审核后，报省、自治区、直辖市人民政府批准。

下面我们详细介绍一下五险和公积金。

1. 医疗保险

医疗保险是每个人都会用到的保险。国家的医疗体系分为公立医院和私立医院。目前大部分人就医还是会选择公立医院。员工参加了医疗保险后，首先会办一张医保卡（或社保卡），然后需要指定几个公立医院作为定点医院。拿着医保卡去定点的公立医院看病，是可以直接报销的。

以北京为例，在三甲医院挂一个专家号，挂号费一般是80元（医院不同，收费标准不同）；如果直接用身份证挂号就得全额交80元；而如果用医保卡去挂号，就只用交大约10元（医院不同，收费标准不同）即可。剩下的钱都是医保给报销了。

挂号之后就是看医生，开药。如果医生开的是医保名单里的药，都是可以按一定比例报销的。每种药的报销比例不一样，少的能报销百分之二三十，多的能报销百分之七八十。

一旦病情严重，需要住院，住院费用一般会比较高，住上一个月的院，可能得花费几万甚至几十万元。如果有医保，也能报销很大一个比例。

因此，对于一个员工和家庭来说，医疗保险是一种非常重要的保障，它能在危难的时候拯救一个家庭。

医疗保险报销的比例，根据各地区政策，比例也会有所不同。但是，一般来说，连续缴费的年限越长，能报销的比例越高。而且医保最好不要断缴，有的地区如果断缴几个月后再重新缴纳，连续缴费时间就会清零，需要重新开始累计。

另外，医保一般从员工工资里扣除2%左右，存到员工的医保账户里，这部分钱是可以提取出来当钱花的，可以定期去银行把这笔钱取出来。

2. 生育保险

生育保险是针对女性生育进行的保障，生育过程中就医所花费的费用可以进行报销。如果是在公立医院生育，基本上绝大部分费用都可以报销。而且除了就医费用报销以外，生产完成之后，还会额外得到一笔生育津贴。

生育津贴是按照所在单位的上年度人均缴费工资和产假天数算出来的。

以北京的王女士为例，假如王女士所在单位的上年度人均缴费工资为9000元，如果是顺产，产假有128天，那么王女士至少可以领取到的生育津贴为$9000 \div 30 \times 128 = 38400$（元）；如果王女士的工资比9000元高，则可以领得更多。因此，生育津贴还是一笔不小的数目。很多时候，女性生完孩子之后会发现，其实生孩子本身花不了多少钱，甚至因为领了生育津贴，反而挣了一些钱。当然了，生孩子不花钱，养孩子才花钱。生育保险只是针对生育过程进行的保障。

生育保险的福利一般只针对女性，男性属于强制缴纳，这是国家为了避免性别歧视，让男同胞们多分担一些。个别地区如果女性没有生育保险，也可以用配偶的生育保险进行报销。

2019年，国务院办公厅印发《关于全面推进生育保险和职工基本医疗保险合并实施的意见》，明确要全面推进生育保险和职工基本医疗保险（以下统称两项保险）合并实施。同时也明确了"保留险种、保障待遇、统一管理、降低成本"的总体思路。要求各地对两项保险统一参保登记、统一基金征缴和管理、统一医疗服务管理、统一经办和信息服务，改革推进过程中确保职工生育期间生育保险待遇不变，确保制度可持续。

因此，两项保险合并实施，不是五险变四险了，只是简化了经办事务，生育保险还是存在的，不会影响参保人员的待遇享受。

简单来说，两项保险合并实施后，生育保险作为一项社会保险独立险种仍将保留，参保人员仍继续享有生育保险待遇。截至2022年，很多省份已完成两项保险合并实施工作。

参保人员可以登录"城市+人力资源和社会保障局",查看个人基本信息,仍显示参加险种为"养老、失业、工伤、生育、医疗"五种。

3. 养老保险

养老保险在社保缴费中的占比较高,工作时每个月都要强制交,等到退休时,这笔钱又会返给个人。很多年轻人觉得离年老还远着呢,没必要交养老金,其实养老金的价值,需要长远来看。

首先,养老金能帮助员工强制储蓄。

大部分人在年轻的时候是花钱没有规划的。如果没有国家强制缴纳养老保险,而是由自己攒养老金的话,大部分人可能到老了都攒不下什么钱,以后的老年生活也会没有着落。比如NBA的球星,在职业生涯赚了普通人几辈子都赚不到的钱,但是赚得多也挥霍得多,很多球星离开NBA后没几年就破产了。大部分普通人一辈子挣不了那么多的钱,但是花得一定比挣得多,而养老金制度,就保证了大家一定会攒一笔钱,当年老没有依靠的时候,靠养老金也能保障最基本的生活。

其次,养老金能在一定程度上抵抗通货膨胀。养老金的发放,会和上年度的月平均工资挂钩。

那么养老金什么时候才能领取呢?

以北京为例,需要满足两个条件:

(1)累计缴满15年;

(2)达到法定退休年龄(男性满60岁,女性满55岁)。

满足以上两个条件之后,就可以领取养老金了。每月领取的养老金=个人账户养老金+基础养老金。

个人账户养老金,就是个人之前缴纳的养老金总额÷预计发放的月数。

基础养老金算起来就比较复杂了,需要参考社会平均工资和本人工资,以及缴费年限来计算。

养老金政策虽然听起来不错,但大概率也只能是老年时的基本生活保障。如果想要老年生活更从容一点,还是得年轻时候多挣钱,到老年时有一定的财富积累才是最重要的。

4. 工伤保险

工伤保险,简单来说,就是员工在工作期间受伤了,被认定为工伤时,获得相应医疗救助和经济补偿的保险。

那么什么情况才会被认定为工伤呢?

以下几种情况可以被认定为工伤:(1)在工作时间和工作场所内,受到事故伤害的;(2)患法律规定职业病的;(3)在上下班途中,受到非本人主要责任的交通事故的;(4)在抢险救灾等维护国家利益中受到伤害的;(5)职工原在军队服役,因公负伤,到用人单位后旧伤复发的。

如果被认定为工伤,可以获得哪些待遇呢?

根据工伤保险的法规条例,工伤保险待遇包含以下四项:(1)工伤医疗期间待遇:医疗费、康复费等7项费用报销;(2)在伤残评定结果出来之后,根据一级至十级伤残级别不同,可以领取伤残补偿7~27个月工资;(3)一级至六级,有相应的工伤医疗终结后的补偿待遇;(4)因工死亡补偿待遇。

5. 失业保险

失业保险,从名字来看,我们会认为只要失业了就能领取补偿金,但实际上还有很多限制条件。

《中华人民共和国社会保险法》第四十五条规定,失业人员符合下列条件的,从失业保险基金中领取失业保险金:(1)失业前用人单位和本人已经缴纳失业保险费满一年的;(2)非因本人意愿中断就业的;(3)已经进行失业登记,并有求职要求的。

总结来看,需要满足三个条件:

(1)失业前用人单位和本人已经缴纳累计满一年;

(2)非因本人意愿中断就业的;

(这条很关键,如果是主动辞职的就不满足条件,只有非本人意愿失去工作,如公司裁员、破产等，才符合条件；而且还需要原公司出具相关的证明文件，才可以去申请。）

（3）已经办理失业登记，并有求职要求。

社会保险法这样规定，主要是为了促进失业人员积极寻找工作，克服单纯依靠失业保险金的思想。

具体办理时可以下载人力资源和社会保障部推出的"掌上12333" App，在App内提交申请。

失业金领取的金额为所在地最低工资标准的70%到90%，按月发放。注意：是最低工资标准，不是平均工资。

失业金的领取时长也跟缴费年限挂钩：缴费1~5年，最长可以领12个月；缴费5~10年，最长领18个月；缴费10年以上，最长可以领24个月。

但是失业金只有在没有工作的时候才可以领取，只要找到了新的工作，就不能再领取失业金了。

在很多一线城市，社保还有一些重要的价值，如社保会和买房、买车、积分落户等挂钩。在北京，如果是外地户口，想要买房，需要连续缴纳5年的社保；想要参与买车摇号，也需要缴满5年社保或个税；在深圳，根据最近刚出的政策，不仅外地户口买房需要缴满5年社保，深圳本地户籍也需要缴满3年社保才可以买房。各地政府都把社保作为买房买车等民生项目的重要调节器。所以，对员工来讲，连续缴纳社保还是很重要的。

表7-4　五险一金在一线城市的作用

	北京	上海	深圳
买房	非京籍居民购买需连续60个月缴纳社保或个税，中断不超3个月视为连续缴纳	须连续缴纳5年以上的社保或个税	非深户在深圳买房需要连续缴纳5年社保

续表

	北京	上海	深圳
公积金贷款	连续缴纳住房公积金满1年，在职职工在买房时可以按低于商业银行的贷款利率办理住房公积金贷款。简单说来，商业贷款年利率约为5%，而公积金贷款年利率约为3.5%，在京买房贷款100万元，相比于商业贷款，公积金贷款可以节省十几万元	申请贷款前6个月连续正常缴存公积金。在上海公积金贷款的利率要比商业贷款低1个百分点，按贷款20年算的话，这笔计息差额就是几万元	非深户公积金贷款条件是：公积金连续缴纳6个月以上，社保连续缴纳12个月以上
买车	外地户口人员在京买车摇号，需在京连续缴纳社会保险和个人所得税满5年	外地户口人员需在上海连续缴满3年社保或个税	外地户口在深圳摇号，需要在深圳连续缴纳2年社保
子女上学	外地户口的青少年如果想在北京进行小升初、中考，他的父母需要在京连续缴纳社会保险满一定期限（通常需要3个月以上）	父母缴纳社保满6个月	父母至少有一方，最近连续缴纳社保满1年
居住证	连续缴纳社保或个税满6个月	缴纳社保满6个月	连续缴纳社保满12个月

6. 公积金

公积金对员工来讲，评价比较两极分化。有些人觉得非常重要，有些人觉得毫无用处。这个主要的差别，就是员工看是否需要用到公积金。

公积金最主要的用途就是买房时可以以较低利率来贷款。公积金的贷款利率一般比商业贷款利率要低很多。比如这两年如果用商业贷款来买房，房贷年化利率一般是4.8%、4.9%，甚至高于5%；但如果用公积金贷款，年化利率一般是3.25%。比如100万元房贷，分20年还的话，用公积金贷款会比用商贷少付十几万元甚至20多万元利息。

因此，如果员工需要买房，用公积金贷款还是挺划算的。

这几年随着用公积金买房的人越来越多，公积金贷款的政策也是越来越紧了。

比如，北京以前只要缴公积金满1年，就可以最多贷120万元；但是新政策之后，公积金最多能贷出来的金额和缴纳年限绑定了，每缴纳满1年，可以贷出来10万元，缴满5年，最多只可以贷50万元。

这些政策出台之后，用公积金买房的优势就大大下降了。

不过，除了买房之外，公积金还有另一个用途，就是避税。前提还是要通过买房，或者名下已经有一套房子，然后可以用房产装修的名义，把公积金一次性提取出来。之后可以办一张公积金联名卡，每个月缴的公积金，都会自动打到公积金联名卡上，这个钱是不用缴税的。

如果名下没有房产，也可以以租房的名义提取，但是就比较麻烦了，需要每3个月提取一次，一次最多提取3个月。对于没有房产，短期内也没有买房计划的员工来说，就会觉得公积金用处不大。

企业不缴纳五险一金的法律风险

站在企业角度来讲，给员工缴纳五险一金是法律要求企业应尽的义务。

《中华人民共和国社会保险法》第八十四条　用人单位不办理社会保险登记的，由社会保险行政部门责令限期改正；逾期不改正的，对用人单位处应缴社会保险费数额一倍以上三倍以下的罚款，对其直接负责的主管人员和其他直接责任人员处五百元以上三千元以下的罚款。

第八十六条　用人单位未按时足额缴纳社会保险费的，由社会保险费征收机构责令限期缴纳或者补足，并自欠缴之日起，按日加收万分之五的滞纳金；逾期仍不缴纳的，由有关行政部门处欠缴数额一倍以上三倍以下的罚款。

总结一下，就是企业不给员工缴纳社保会面临罚款处罚。站在安全经营的角度，还是要合规去做，减少经营风险。

7.2.3　五险一金的详细费用

社保缴费的金额 = 缴费基数 × 缴费比例

缴费基数，按照法律的要求，就是员工的工资。如果是刚入职的新员工，则按照入职第一个月的工资作为缴费基数；如果已经入职超过一年，则按照上年度的月平均工资作为缴费基数。

实际情况中，很多企业并不是按照员工实际工资，而是按照一个最低基数。各省份都有自己的最低缴费基数，按最低基数缴，对企业来讲能省很多成本，还能让员工的工资多一些。

需要注意的是，这样做是有一定风险的。法律要求社保缴费基数要按照实际工资。以前社保局和税务局不打通，税务局这边扣个税的真实工资数据，社保局拿不到信息，所以你报多少就是多少。但是这两年，社保的缴费也正在逐渐划归到税务局来统一征收。

之前还出过一则新闻，说部分地区抓了一些典型，要企业补缴以前的社保。很多小微企业利润率较低，如果按实际工资缴社保，可能企业就活不下去了。后来社保统一征收这件事也就没有强力去推。近两年，各地为了保小微企业，陆续出台了很多减税降费的政策，对社保费用进行了一定的减免。

但是，企业老板一定要清楚，不按实际工资缴社保，在法律上是不合规的，并不是企业规模小就没有监管，一定要按法律法规要求去做，不然可能会面临处罚。

说完缴费基数，再来说一下缴费比例。缴费比例，也有明显的地域性，法律条文只给了一些指导意见，各省份按照自己的标准去制定细则。五险缴纳比例大致区间见表7-5。

表7-5 五险缴费比例

	企业缴纳比例	员工缴纳比例
养老保险	各省份自行控制，原则上不超过20%	统一为8%
医疗保险	各省份自行控制，原则上控制在10%	一般为2%
生育保险	各省份自行控制，原则上不超过1%	不用缴纳
工伤保险	根据行业不同浮动，为0.1%~0.5%。	不用缴纳
失业保险	各省份自行控制，不超过1%	各省份自行控制，一般为0.5%

总结来看，对比五个险种的缴费比例，养老占比最大，医疗居其次，其他险种费用都非常少，基本可以忽略不计。

公积金的缴费比例各地规定也不一样，一般要求5%以上，企业可以在最低缴费比例之上自由决定。每个员工的公积金的缴费基数和比例，可以根据员工入职时设定，设定之后如果想更改，每年只有7月可以统一调整一次。因此，如果想要调整比例的，需要提前做好规划。

如果按照工资全额缴纳社保和公积金的话，对于员工来讲，一般要扣除工资金额10%左右，在没扣税之前工资就会先打9折，扣完税到手的会更少；对于企业来讲，一般要在员工的税前工资基础上增加20%~30%的支出。

因此，企业在招聘员工时，计算一个员工的成本时，要把企业支出的社保部分也算进去，而且要跟员工讲清楚税前工资和税后工资的区别，给员工一个合理的预期。

以北京举例，聘请一名月薪10000元的产品经理，每月需要承担的社保、公积金成本见表7-6。

表7-6 月薪10000元的员工，公司每月需要承担的社保、公积金成本

费用种类	缴费比例（%）		月薪1万元的缴费金额	
	单位	个人	单位	个人
养老保险	19	8	1900	800
失业保险	0.8	0.2	80	20
工伤保险	0.5	不缴费	50	0
生育保险	0.8	不缴费	80	0
医疗保险	10	2	1000	200
住房公积金	5	5	500	500
合计	36.1	15.2	3610	1520

注：以2021年北京市城镇五险一金缴费标准为例。

对于企业而言，每月除了需要支付10000元的工资外，还需要为员工额外支出3610元的五险一金费用；对于员工而言，10000元工资到手之前会先被扣除1520元的五险一金费用，之后还会被扣除个人所得税，因此，员工实际到手工资低于8500元。

7.2.4 办理五险一金的流程

企业在拿到营业执照后，需要在一个月内去社保局开设社保账户。开完社保账户后，绑定了企业的对公银行账户，就可以给员工缴纳社保了。

如果员工以前没有上过社保，那么需要去社保局给员工做一个新参保的手续，如果员工以前上过社保，那么员工找原单位给他做一个减员，然后在新单位的企业社保账户里给他做一个增员就可以了。

企业社保缴纳系统，一般在各市的人力资源和社会保障局官网或社保基金管

理局官网有链接入口。每个月只要在企业的对公账户里存入足够资金，再确认好需要缴纳社保的员工名单，填好金额，系统就会自动扣费，为员工缴纳社保。

公积金账户也是类似的流程去办理，就不再赘述了。

7.3 保护公司的商业机密

7.3.1 竞业限制协议

有一些岗位涉及企业的核心机密，企业担心核心员工离职之后会去竞争对手那里，给企业造成损失，因此可以考虑签订一则竞业限制协议。

竞业限制是《中华人民共和国劳动法》的重要内容，是用人单位对负有保守用人单位商业秘密责任的劳动者，在劳动合同、知识产权权利归属协议或技术保密协议中约定的竞业限制条款。简单讲就是，劳动者离职后不能到原单位的竞争对手那里去工作，也不能成为原单位的竞争对手。

竞业限制协议中也要保障员工的权利。法律规定竞业限制时间最长为两年，这期间用人单位必须按月支付员工竞业限制补偿金。

哪些员工需要签订竞业限制协议？

根据《中华人民共和国劳动合同法》第二十四条的规定，竞业限制的人员限于用人单位的以下人员。

1. 高级管理人员

公司经理、副经理、财务负责人、上市公司董事会秘书和公司章程规定的其他人员。

2. 高级技术人员

高级研究开发人员、技术人员、关键岗位的技术工人等容易接触到商业秘密的人员。

3. 其他负有保密义务的人员

其他可能知悉企业商业秘密的人员，如市场销售人员、财会人员、秘书等。

建议在入职时就签订竞业限制协议，避免员工离职时不签或拒签。

竞业限制最多可以禁两年，在员工离职后两年内，不得去竞业限制协议里约定的公司上班。但是竞业限制协议并不是签订了就生效，而是需要在员工离职后，每个月向员工连续支付补偿金才会生效。

所以，竞业限制协议的生效是有成本的，建议只给核心员工进行补偿，而且补偿金不一定非得连续打两年，可以先打几个月的补偿，当确定了员工的去向，判断员工对公司已经没有什么威胁了的时候，停止补偿即可。这样可以用最低的成本达到节流的目的。

如果员工拿了竞业限制的补偿金，还是去了竞争对手公司，这就属于违约了，可以去法院起诉要求员工支付违约金，但是在起诉之前，一定要先收集员工入职了竞争对手公司的证据。

【案例说法】

腾讯员工跳槽字节跳动被判赔还111万元

腾讯前高级编辑经理陈某，曾与腾讯公司签订了《劳动合同》和《竞业限制协议》，均约定了竞业限制义务。陈某离职前，腾讯公司也书面通知陈某离职后应当履行竞业限制义务，竞业限制期限为6个月，在陈某离职后，腾讯公司也依约支付了竞业限制补偿金。此后陈某未如实申报其离职后的就业情况，且多次出入与腾讯公司存在竞争关系的字节跳动公司（今日头条），严重违反竞业限制义务。

陈某不服，辩解称自己非高管、公司高管、高级技术人员和负有保密义务的人员，双方关于竞业限制的约定无效。后来腾讯公司主张公司提供《公证书视频光盘》，显示陈某在2019年8月13日、2019年8月14日、2019年8月15日的一周内连续多次进入北京字节跳动公司（今日头条）的办公场所，其在上班时间点手拿办公文件走动，在电梯中连续两日与不同的同事打招呼、聊天。

在腾讯提供的诸多充分证据证实情况下，陈某无法为自己做出更多合理解释。

对此，法院判决，陈某于本判决生效后七日内向腾讯科技（北京）有限公司返还竞业限制补偿金（税前）158917.29元；陈某于本判决生效后七日内向腾讯科技（北京）有限公司支付违反竞业限制义务的违约金953503.74元，陈某总计需赔还腾讯1112421.03元。

（资料来源：互联网的新消息.腾讯员工跳槽字节跳动被判赔还111万.https://www.sohu.com/a/458943368_233813）

7.3.2 保密协议

1. 在企业规章制度中明确保密义务

（1）企业根据自身情况将本企业生产工艺、产品配方、设计图纸、财务账目、研究报告、实验数据等重要技术信息和经营信息，全部列入商业秘密保护范围。

（2）企业应该在核心部门或者区域建立保密制度，设置员工接触权限，根据保密级别不同设置不同开放权限。

（3）根据企业不同的岗位及职责要求，将保密责任具体落实到各员工，在公司规章制度中明确具体地约定保密义务，对涉密员工整个任职过程进行规范制约。

2. 与核心员工签订保密协议或在劳动合同中约定保密条款

企业与员工签订保密协议或在劳动合同中约定保密条款时，需要根据不同的对象以及其知悉的商业秘密约定不同的保密内容。

（1）保密范围的不同约定。

（2）保密期的不同约定，如在解除劳动合同后的一定时间内（一般不应超过6个月）不得在生产同类产品且有竞争关系的其他企业任职或自己从事同一产品的生产经营。

（3）违反保密义务的不同违约责任约定。

3. 做好员工离职交接，避免泄密

要求员工在离职前提交离职申请表，办理交接手续，交清涉密资料，同时与企业签订保密协议，防止员工离职带走商业秘密。

【案例说法】

员工母亲泄露小米新品，将面临100万美元赔偿款

据悉，泄露者是小米某员工的母亲。其母亲称："（小米新品视频）是我不小心发出去的，我不懂，我看到我儿子电脑上这个东西，我不知道他要发哪里的，我就发到那个群里去了，是我不小心发的。"其母亲表示，她和儿子共用一台电脑，不小心将视频发到了关注科技数码领域的 QQ 群里。

一般情况下，小米新机发布前都有保密协议，谁要"泄密"便会受到处罚。比如，在小米6发布前，业界消息显示，小米公司跟员工签署了一份500万元的保密协议。

（资料来源：数码圈儿. 小米10至尊版泄密者面临694万元赔偿，其母：不小心，没想到这么严重. https://new.qq.com/omn/20200811/20200811A0LR2000.html）

其实，很多公司要签保密协议。比如，苹果公司为了保持新机种的神秘性，对保密工作的要求是十分高的，但苹果手机发布前需要大批量的备货，苹果供应链又这么长，牵涉的人员少说也有上百万人，如何做到严格保密让富士康压力很大。2009年还因此出过一则负面新闻。但经过近十年的发展，富士康对苹果手机的保密工作不断提高，基本上没有什么严重的泄密事件发生。每年的新机种从样机验证开始，安保等级就被提高到特级，除了增派大量的保安检查稽核外，还增加大量的安全员，这些人直到新机种发布完才算完成了任务。

第八章
早期融资的注意事项

融资是双向选择,一个好投资方带来的帮助,远不止于财务投资这么简单,有些即便没有达成合作,也会为项目带来积极的帮助,比如发现了一些潜藏的风险,或者是把商业模式梳理得更加清晰等。下面就为大家整理一些早期融资需注意的问题。

8.1　创业需要多少启动资金

一个准备充分的创业者，在有一定资源和经验积累的情况下，一般可以支撑3个月左右，因为创业基本是一件成功率和效率兼备的事情。如果你有了一个想法，仅存在于脑子里，就去找人融资拿到钱，这样的事情只存在于幻想当中。当然，如果你头戴光环，只凭一个想法就能吸引投资人追着投资，那就另当别论了。

从融资上来说，一般包括以下重要节点：发现机会、捕捉需求、开始测试MVP（最小可行性产品，Minimum Viable Product，MVP）、优化产品服务、完成商业闭环、成立公司、搭建初创团队、整理商业计划书、约见不同的机构或者投资人来沟通项目、反复调整、优化商业计划书。

投资人将项目向上提交，直到投委会达成初步的投资意向，来回沟通，签TS（投资意向书，Term Sheet of Equity Investment，TS），然后DD（尽职调查，Due Diligence，DD），再来回沟通，签投资协议，然后等待投资款到账。

创业初期最大的成本一般是人力成本，因此，从发现机会的投资款到账会花掉多少钱，主要看你在什么时候开始搭建团队了，假设一共4个人，每个人工资5000元，一个月成本大约2万元，再乘以你预期的融资周期，不要只乘以3，一般来说这个周期都会比自己想象得长，很多团队在这一步都没有撑住。

有些投资人在投资的时候，会要求创始人也有一定的现金投资，通常不多，但要有这种心理准备。还有一笔容易被忽略的钱，就是一般刚开始创业，对财务和融资节奏的把握都没什么经验。比如，第一笔拿了100万元，预计能支撑6个月，但是第二次融资周期可能也会持续3~4个月。因此，实际上可能你刚拿到钱，还没有什么阶段性突破的时候，就得启动下一次融资了，或者是这个融资节点，刚好碰上年底了，这个时候就很尴尬，投资人即使能约到，也大多是只看不投，这个时候就会很危险，你最好有一些资金上的准备，可以帮助公司度过这个危机，这时候一个月的工资成本已经不低了，可能很多人上班一年的收入只够堵公司一个月的窟窿。

因此，在初创阶段，即便有意识地节约成本，但是很多花费是客观存在的，并且从家庭财务的角度上来看，创业者骤降的收入也是应该计算在内的。如果创业者没有什么准备的话，很容易1月准备开始创业，6月就回到公司去上班了。要警惕负债创业或者是借钱创业，创业成功的概率甚至低于彩票中奖，我们尚且觉得风险过高了，同样来说，负债、借钱创业的故事确实很励志，但为此拍手叫好的人一般都是看客。

8.2 第一次融资

8.2.1 创业该去哪里融资

很多人说,很多人的第一笔创业资金都是来自3F:Family、Friends、Fools,即家人、朋友和"傻子"。只有他们能在你还没团队、没产品、没用户、没收入的情况下信任你,敢拿钱支持你。

如果要向投资机构融资,那么机构对你或项目团队的要求都会更高一些。可以同步尝试以下途径,来实现企业融资:

(1)把创业项目发布到一些投融资的对接平台上,可以是网站、App,有的平台会有一些增值服务,比如快速投递之类的,可以按需选择;

(2)找一些发布公司信息比较多的互联网媒体资源跟进报道,文章发布后,会形成一定程度的曝光,有利于吸引有兴趣的投资人或者机构;

(3)找到投资机构官网,并且通过在线表单或邮件的方式投递你的项目,这个方式比较精准,但是建立连接的效率和成功率都比较低;

（4）找到创业孵化器去寻求投融资对接，现在很多写字楼或园区会有类似的孵化器入驻，可以去看看；

（5）通过一些职场社交软件，或者是其他社交平台，找到投资人私信，直接沟通项目，这个相比前面的方法，在效益上就更进一步；

（6）通过一些创投会沙龙、路演活动去推广你的项目。但是要擦亮双眼，有的路演，当你初步通过后，可能会让你交几万元才能进入下一步，笔者没交过，所以不知道交了以后会怎样。

融资是双向选择，一个好投资方带来的帮助，远不止财务投资这么简单，有的即便没有达成合作，也会为项目带来挺多积极的帮助，比如，发现了一些潜在的风险，或者是把商业模式梳理得更加清晰等。一般一次融资都会接触几十家甚至上百家机构，这对于创始人个人来说，也是个充满价值和收获的过程。

8.2.2　怎么选投资人

投资人需要对项目进行筛选，创业者找投资人的时候也要进行一些筛选。

（1）品牌，有品牌的投资人能带来品牌溢价，这个品牌可以是基金的品牌，也可以是一个具体的业务公司的品牌。获得一个知名投资人或者大品牌的投资，除了钱以外，更重要的是对自己项目的背书。

（2）资源，也就是在行业里有多少资源，早中期企业还是为生存和发展而战，需要找到能帮助自己进一步成长的资源。

（3）人，具体看看是谁，特别是大老板是谁，跟你的沟通如何，是不是真的懂你这个行业，是不是跟你投缘，这是非常关键的，找投资人就要用找合伙人的心态去找。

不过对所谓资源一定要有清晰的认识，千万别抱太大希望。就算一个投资人投了很多行业内有资源的公司，他也是小股东，引荐你认识可以，指望他帮你搞定却不现实。

创业本来就是九死一生的事情，如果遇上不靠谱的投资人，会对创业造成很大伤害，所以选对投资人很重要。那么，创业者该如何鉴别不靠谱的投资人，这类人都会有哪些表现呢？不靠谱的投资人，通常有以下五种表现。

第一类，谦虚好学型。在接触这个项目之前，对所在行业赛道所知甚少，想通过和你的沟通来了解这个行业，沟通结束后他并不会自己去钻研、了解。下一次沟通，你会发现这些投资人对行业的理解还是停留在上次沟通结束的程度，创始人在整个沟通过程中的心力交瘁，可想而知。因为你要不停地按照他的需求提供更多的市场背景、更详细的竞品分析，然后耐心解释给他听，商业计划书改了一版又一版，财务预测做了一次又一次，但是投资人仍然不会获取对这个行业的认知，就指望你的耐心输出和无限量免费供应的资料文档，让他觉得这个项目值得投。因此，精力消耗巨大，但是合作预期极小。

第二类，业务充电型。当前阶段已经不打算投资了，比如接近年底前基本上已经投光了，这个时候投资人就到处走走、看看项目。他跟你的沟通，也会因为他学习和实践调研的心态而变得无比顺畅，让人感觉很好，但他就是只看不投。

第三类，竞品分析型，已经投了跟你类似业务的公司，或者已经锁定了投资对象，然后再找你来，想从侧面了解一下这类业务，当作佐证，你对你项目的充分论述会成为对方竞品分析的佐证。因此提前了解下对方已经投过的公司很有必要，如果了解不到就直接问吧，问了还是不说的，那就真的是倒霉了。

第四类，占位型。从开始沟通到给出 Term Sheet（投资意向书），速度非常快，当 Term Sheet（条款清单）填下后，因为排他性，你就不能再约见其他投资机构，然后整个投资节奏就陡然降低，慢慢详细了解，慢慢观察，慢慢评估……公司现金流越来越紧张了，是不是有点着急了？那估值是不是可以再考虑考虑？一些条款是不是可以再让步？

第五类，真土豪。有的投资人没有风险投资经验，觉得项目不错就会投，但是短期又想要大回报，三天两头问你怎么样了，能不能投运，前期沟通啥都行，落到纸面上就是股份，我要占大头钱，我按月打给你，帮我赚到钱的都是英雄，让我亏钱都是狗熊。还有一些人会在条款里设置一些小机关，如果遇上这类投资人，那可真是心累。

虽然说不靠谱的创业者比不靠谱的投资人多太多。但是一旦发现投资人不怎么靠谱，还是提高警惕，适当降低双方合作的预期吧。

8.2.3 如何确定初创期估值

公司初创期的估值比较难确定，但是融资机构又需要创始人给出公司估值，于是有人就拍一下脑袋报出几亿元的估值，这就没什么大意义了。如果没有什么经验的话，可以用这两个方法来给自己的公司做一个初步的设置。

1. 根据项目里程碑实现的时间、成本和收益来推算投前估值

设定好想要通过融资达成的第一个项目、阶段性里程碑，所需要花费的时间（需要加上一定的融资周期）和成本，来推算出公司估值。

举个例子，你打算出让20%的股权用于融资，如果你第一个项目需要花费6个月，融资周期为3个月，这9个月公司的成本为100万元，100÷20%=500（万元）。

成本100万元除以你这次融资打算出让的股权比例20%，得出500万元就是你的投后估值，500万元减去融资额100万元为400万元，那么这400万元就是你的投前估值。这个方法从成本与目标的角度去作推演，有理有据，可以更好地说服投资人。

2. 找同一赛道下相似的公司作为对标团队，在对方的基础上做出增减来确定自己公司的估值

这是一个比较快速的方法，即便你不参考，投资人也肯定会用这样的方法来参考估值的。当然公司估值的方法很多，但是对于初创期的公司以及经验比较少的创始人来说，这两种方法比较适合快速得到一个结果。其实公司早期的估值也并不是越高越好，本轮的高估值，就意味着下一轮更高的估值，在资源有限的情况下这会带来更大的发展压力，同时也会为后续融资带来一些不利的影响，别到最后真的搞成了投前拍脑袋，投后拍大腿，那就后悔莫及了。

归根结底，估值问题最终还是供求关系的问题。当你的项目有很多投资人看好的时候，就可以报得高一点；如果没几个投资人能看上，那就少报一些。

8.2.4　创始人该拿多少钱

融资了几百万元的公司创始人会给自己发多少工资？一般是5000元，甚至很多创始人在拿到千万元级的融资后，工资仍然在10000元上下。在项目早期没有融到资的时候，无论公司财务是不是已经和创始人个人财务分立，成本几乎都是从创始人这里出去的。

当完成了融资之后，在公司还处于初创期的投入阶段，且没有稳定收入的情况下，创始人就开始以市场价来给自己发放薪水，想想这会给投资人传递一个什么样的信号？上一秒还在为了实现公司的长远价值而筹集资金，下一秒就将筹集到的资金装进自己的口袋里，这就很好笑了。

实际上，一个有勇气和决心创业的人，几乎都不会有给自己发高薪的念头。初创期公司的钱，恨不得一分钱掰成两半来花，为的就是让公司在有限资源的情况下，走得更远，去实现更大的价值，以获得市场的认可，并为下一次融资打下良好基础。

事情能不能继续、能不能做成以及公司的内在价值和市场估值，才是创始人最该在意的事情，而不是眼前几个月的薪水。因此，一般初创公司创始人的薪水都是象征性的，可以满足正常的衣食住行，给家里一个相对基本的保障就好。

如果公司进入相对成熟的运营阶段，价值稳定了，或者是现金流稳定了，那么给自己一个市场平均水平，或者在一个合适的时机，套现一两个点的股份来改善生活，也就在情理之中了。

在几百万元或上千万元的资金面前，工资多几千元少几千元，其实真的不会带来什么巨大的改变，创始人之所以要如此苛待自己，一方面是表现出自己的态度；另一方面是更看重长期的价值回报，而最根本的是为了让公司多一点点成功率，哪怕只有千分之一。

8.2.5 投资款可以随便花吗

一般我们所说的投资都属于增资扩股,而不是股权转让。

也就是说并不是投资人从创始团队手里买走了一部分股份,而是向公司注资,稀释了创始团队的股份,所以投资的资金归公司所有。那么问题就变成了:公司的钱可以随便花吗?具体的方法都在合同上有着明确的使用说明,这里就不介绍了。

创业者在和投资机构沟通项目时,都会详细分析融资资金的用途和使用计划,也就是为什么需要一笔钱,而这些钱会在什么阶段,花在什么地方,是研发还是营销,会对项目或者公司起到怎样的作用。

其实,通过一份细致的财务计划,基本就能把公司的短中期目标和方法计划了解得比较清楚了,在投资前 DD(尽职调查)过程中,也会需要公司提供资产负债表、现金流量表、利润表,以及历史销售合同、当前的业务情况统计等,现场调查如有问题就马上解决,基本上会把公司的情况摸得明明白白的。

当然,DD 也不仅仅是财务调查这一部分,在投资完成后,机构也会进行投后管理,虽然不同机构的投后管理有强有弱,但是财务方面肯定不会开小差的,所以不要看谁获得了几千万上亿元的投资就很羡慕。这并不代表他忽然拥有了这么多钱,而是意味着投资方认为他有运作这笔钱的能力,可以让这笔钱帮助到他所在的项目,让公司更好的发展,创造出更大的价值。

8.3　债权融资 vs 股权融资

企业融资方式主要分为两大类：债权融资、股权融资。

债权融资是指企业通过借钱的方式融资。通俗地说，就是找人借钱，一般是向银行、金融机构来借钱，借的钱将来是要还的，而且一般都有利息，需要连本金带利息一起还。

股权融资是指企业的股东愿意让出部分企业所有权，通过企业增资的方式来引进新股东，总股本同时增加。新股东往往是职业的投资人，只出资金而不参与公司具体经营。

股权融资所获得的资金可以全部用于企业发展，无须偿还。简单来说，就是拿投资人的钱创自己的业，股权融资已经成为互联网科技类创业公司的主要融资方式，比较适用于初创公司。

8.4 股权融资的流程

8.4.1 接触投资人

8.4.1.1 投资人的类型

投资人的类型主要有天使投资、VC、PE。通常而言,天使投资对应种子期,VC对应公司的早期,PE对应公司的成熟期。具体差别如表8-1所示。

表8-1 投资人的类型及金额

	介入时间节点	公司特点	金额
天使投资	种子期(初创阶段)	初始团队和初步的想法规划能否实现,不确定性高	几十万元到几百万元
VC(Venture Capital,风险投资)	早期	成形的产品和比较稳定的用户群体,需要借助外部资金进一步占据市场份额/巩固市场地位	几百万元到上千万元
PE(Private Equity,私募股权投资)	成熟期	具有竞争力的产品和一定的市场地位,可能已经开始获得回报。出于上市或者整合产业链的考虑,需要资金获得更大的发展	几千万元到上亿元

8.4.1.2 美元基金 vs 人民币基金

市面上的风险投资基金，分为美元基金和人民币基金。

一般来讲，美元基金投资的企业都要搭建 VIE（协议控制）架构，人民币基金和个人天使投资的企业则用内资框架。VIE 架构的公司一般要在美国上市，内资架构的多数要在国内上市。但也没有这么绝对，因近几年国内上市环境改善，很多原来是 VIE 架构的公司都在拆 VIE，准备回国内上市。

1. VIE 架构

VIE 架构即不通过股权控制实际运营公司，而通过签订各种协议的方式实现对实际运营公司的控制及财务的合并。一般由以下公司组成：

（1）需要在国内注册一家内资有限公司，一般会由创始人作为这家公司的股东，美元基金投资人并不会成为股东；

（2）在开曼或维京群岛注册一个离岸公司，创始人和投资人都是这家公司的股东；

（3）由开曼或维京群岛的公司，全资在中国香港成立一家公司；

（4）由中国香港的公司，在内地全资成立一家外商独资公司（WFOE）。

（5）用这个 WFOE 公司和内资有限公司签订一份协议，协议控制这家内资有限公司，达到这家内资有限公司的所有收益都归开曼或维京群岛注册的母公司所有。创业早期没拿融资前，一般是先注册一个内资有限公司。拿到投资后，搭建 VIE 架构时，只需要将后续一连串公司注册完成，再签订协议即可。

2. 如何注册离岸公司

公司可以找离岸公司的境外代理来负责离岸公司的注册。目前市面上也有很多非常专业的境外代理机构。离岸公司的注册流程相较于境内公司的注册比较简单。通常的流程是，境外代理会要求提供拟设立公司的股东和董事的 KYC（Know Your Customer, KYC，通常为董事和股东的身份证明和住址证明的核证文件）文件，同时要求公司确定拟设立公司的名称、董事人选及发股数。以上信息确定后，代理机构会将申请文件提交给离岸公司注册地有关部门，一般一周内会完成注册。

8.4.1.3 财务顾问（FA）的作用

财务顾问可以理解为融资中介，主要协助公司寻求有投资意向的投资人，提供投资信息，撮合双方达成交易。财务顾问的协助有助于公司和创始人专注公司日常运营的同时，了解投资市场的基本面，从而避免因为市场信息不对称而做出错误判断。最为核心的是，当公司和投资人的谈判出现困难和障碍时，财务顾问在公司和投资人之间可以起到缓冲和推动的作用，有效促进融资的完成。因此，财务顾问的作用是非常重要的。

需要警惕的是，财务顾问的最大目标是完成交易获得报酬，他们可能会在双方僵持的谈判中，做出妥协和让步，而公司的最大目标是在融资时最大化己方利益。可见，财务顾问和公司之间是各取所需。因此，公司需要谨记财务顾问与公司的利益未必是一致的。

8.4.1.4 融资时要不要请法律顾问

融资项目普遍具有复杂性、专业性，市场风险性较高，尤其是融资文件法律条款具有非常强的专业性，非专业人士无法正确诠释文件和保证公司的权益。因此，聘请具有专业法律知识、长期从事融资行业诉讼事务的律师做顾问是一个保护自身的明智选择。鉴于投资意向书（Term Sheet）通常会约定公司和投资人间的权利义务，这个节点会奠定整个交易走向的基础。因此，我们建议公司应该在投资意向书起草修改阶段就聘请专业律师介入，让其更早、更好地全面把控融资法律风险。

8.4.2 达成融资意向

8.4.2.1 签订投资意向书

签订投资意向书阶段需要注意什么？

1. 不要在投资意向书阶段浪费太多时间

对于创业公司而言,时间是很宝贵的。两三个月过去,可能风口期就过去了。因此,抓大放小,关注核心条款最为重要。

2. 注意一些风险条款

(1) 有关控制的条款

反稀释条款,即公司如引进新的投资人,新的投资人的每股价格低于现有投资人的每股价格,则投资人通常会要求反稀释权利以保护他们在公司的投资价值。反稀释条款给予投资人以没有成本或很少成本从公司或创始人处获得更多的股权,该股权的数额通过一个事先约定的调整方式进行计算。反稀释条款设置的目的,首先是为了激励公司以更高的价格进行后续融资;其次是如投资人无反稀释条款保护,而公司以超级低价发行新股,则有可能造成投资人的持股比例被大幅稀释。

董事任命权,投资人通常会要求公司设立董事会,其有权委派人员担任公司董事。

一票否决权(保护性条款),这是投资人为了保护自己的利益而设置的条款,这个条款要求公司在进行重大事项表决中获得投资人的同意,即赋予了投资人对公司的重大事项的一票否决权。

(2) 有关投资人退出的条款

回购权,也就是说,在某些条件下要求公司按照一个固定价格从投资人处回购其在公司持有的股权的权利。回购价格可能是投资人的投资款,也可能是投资款的倍数。在审阅回购权时,需要重点关注回购条件、回购款的计算方式等。

优先清算权,本条为公司在清算时如何分配公司财产条款,因此十分重要。本条权利通常约定为,当公司清算时,公司财产如何优先分配给公司投资人(以及不同轮次投资人之间如何分配),然后如何分配给其他股东。投资人通常在创始人之前收回他们的资金。投资人的清算额通常为投资人投资款或其倍数。在审阅优先清算权时,需要重点关注优先清算权触发的条件以及清算额计算方式等。

共同出售权，投资人投资一家公司很大程度上来自对创始人和管理团队业务水平、经营能力和管理能力的信心，因此，投资人通常不会希望创始人和管理团队对外转让其持有的公司股权。创始人如向第三方转让股权，除会有优先购买权外，投资人还会有要求根据事先约定的计算方式跟创始人共同出售其所持有的股权的权利。这些可以保证投资人退出的权利，也可以使得创始人的股权更难以被出售。在审阅共同出售权时，需要重点关注共同出售权的条件、计算方式等。

跟随出售权，即如投资人同意向第三方出售其所有的公司股权时，有要求其他股东一并向第三方出售公司股权的权利。也就是说，投资人有权要求其他股东必须按照其与潜在购买人谈好的价格和条件，并按照与投资人在公司的股权比例向购买人出售股权。在审阅跟随出售权时，需要重点关注跟随出售权的条件等。

投资人的退出权是投资人的核心条款，请特别注意。

（3）其他条款

优先认购权，如公司在未来增发，投资人有权在同样的条件下，按照其持股比例参与增发股权的认购，以至少保持其在公司的持股比例不会减少。不论在英、美等国家还是在中国，优先认购权是法定权利。

优先购买权，即如公司股东想要向第三方转让其持有的公司股权，他需要向其他股东发出邀约，其他股东有权选择优先购买转让的股权，也可以拒绝购买，此时该股东才可以向第三方转让。

排他期，即公司在排他期内不得与其他投资人接触、沟通与投资有关的事宜。所以，排他期不宜过长，以45天为宜。

8.4.2.2 尽职调查

尽职调查，目的是让投资人对公司有一个全面的了解，一般是投资人在投资之前对标的公司做全面深入的审核，来确定目标公司是否值得投资。

尽职调查一般会从法律、业务、财务这三个层面进行展开，下面是针对尽职调查过程中，法律层面容易出现的问题，整理了一些注意事项，以便在投资人做尽职调查时有所准备。

1. 在签署投资意向书后再作尽职调查，在调查前要签署保密协议

尽职调查过程中，一般来说，投资人在对公司作尽职调查时，会对公司的业务模式、核心的技术、相关的业务数据进行了解，公司会面临是否需要将公司的一些商业秘密过多披露的问题。从投资人角度来讲，他们一般都具有职业道德，会对公司的商业秘密进行保密，但也有可能会遇到不靠谱的投资人，会对公司的利益造成损害。律师建议，最好在投资人与公司签署了保密协议之后再做尽职调查。在投资人作尽职调查之前与投资人签署保密协议，约定好违约责任，可以更好地保护自己，避免利益受到损害。

2. 法律尽职调查中注意的事项

尽职调查一般由投资人专门的律师来完成，主要从法律层面对公司的设立、延续、资质、架构、公司的资产、知识产权、重大合同、相关人员以及诉讼等进行调查，证明公司经营合法合规。

（1）提供公司基本信息时要注意创始股东的构成

要注意突出创始人、联合创始人及创业团队中的其他核心成员，在对创始人的介绍上，应该不惜笔墨，重点介绍，尽可能提供与创业项目相关的学历背景、工作背景以及成功的案例，如果核心团队中有不方便披露的，可以隐去姓名。

（2）公司的股权结构要合理

创始人最好具有绝对控股权，能达到67%以上的股权最好，达不到这个比例，也得超过50%，因为投资人在投一个创业公司之前，不仅要看这个商业模式以及市场前景，更重要的是看创始团队的凝聚力，尤其要看核心创始人的领导力和决心。如果创始人占的股份比例太低，投资人可能会觉得你自己不行或者你对这件事没有太大信心。

建议创始人在融资之前一定要对公司控股，至少是相对控股。

（3）业务模式的合规性

业务模式不仅需要从赚钱这个层面打动投资人，合规性也很重要，好多创业者只考虑到创业的项目能不能盈利，但对这种商业模式是否合规很少去考虑。比如，有的创业者觉得做一个竞猜类游戏 App，肯定会吸引很多玩家，也肯定会赚钱，但具体怎么去做才能不违法就不是很清楚了。

建议在融资之前对业务模式是否合规一定要咨询专业人士，否则，一般情况下，投资人面对一个不合法或不合规的创业项目会非常慎重。

（4）公司的资质问题

创业公司根据创业项目所属的行业，可能需要不同的资质，比如，做餐饮的，食品经营许可证一定要办；做网络游戏的，游戏版号、网络文化经营许可证最好能提前办理；做外贸的，进出口资质也要提早办下来。公司的资质是经营业务合规性的一个重要方面。

建议尽量在融资之前把相关资质办下来，如果一开始因为资金或时间没有办下来资质，也要和投资人沟通清楚，之后尽快办理。

（5）公司知识产权的问题

好多创业者在创业之前，对知识产权不是很重视，商标、专利等都是在创始人个人名下，而投资人投资是投给公司的，因此，一般都会要求商标或专利的权属归属于公司。

建议创业者在开始创业时就应该有这方面的意识，需要申请商标或专利的，在公司拿到营业执照时就应该用公司的名义申请商标、专利。

（6）合同问题

投资人对公司的合同，一般会看对内和对外的两种合同。对内合同，就是创始团队之间的合同和员工的劳动合同，而创始团队的合同一般会看股东协议或出资协议，是否有限制性股份，是否有竞业禁止协议，是否有代持。对核心团队成员，看是否签有股权激励协议，另外，还要看和员工是否签署了正式的劳动合同。对外合同，更多需要提供的是业务经营层面的合同，如销售合同、代理合同、租赁合同、贷款协议等。如果这些合同存在风险，投资人就会非常谨慎。

建议在一开始要签订合同的时候，尽量找律师把关，提前规避风险。

8.4.2.3 签订正式投资协议

尽职调查完成后，就会签署正式的投资协议。

投资意向书可以理解为一个意向合同，那么投资协议就是一个正式的合同。签署完成投资协议后，就要开始打款、股权变更等手续了。

投资协议的内容会比投资意向书丰富一些，但核心内容都差不多。

8.4.3 资金到账及股权变更

8.4.3.1 过桥贷款和资金到账

整个融资过程，一般要持续1~3个月，有时在资金还没到账前，为了能拿到资金，快速开展业务，可以和投资人商量，先提供一些过桥贷款供企业过渡一下。过桥贷款一般是免息的，最后融资款到账后，过桥贷款会自动转为融资款的一部分，不用偿还。

8.4.3.2 增资与转股的区别

融资到账后，要对公司进行工商变更，让投资人成为股东。具体有两种操作方式：增资和转股（股权转让），对比见表8-2。

表8-2　增资与转股的区别

	增资	转股
股权能否被稀释	公司原有股东的股权比例会被稀释	公司原有股东中只有转让股权方的持股比例会下降
资金流向	增资款会进入公司账户	转股款会进入转让股权方的账户

续表

	增资	转股
税	需按照增资金额的万分之五缴纳印花税	股东的转让所得款的溢价部分，需缴纳20%的个税
备注	公司融资的常见目的是获得投资人的资金以支持业务发展，所以采取增资模式（钱进入公司账户）更加有利于公司的发展	

增资或转股完成，并且资金到账后，整个融资才算正式完成，之后就可以发布正式的融资消息了。

第九章
股权分配与股权激励的注意事项

创业维艰,每一个创始人都会竭尽所能来发展壮大企业,其中也包括借助外力——融资。但是,这也意味着控制权的转让,当创始人的股权稀释到一定程度,若无其他协议规定,根据"同股同权"原则,创始人的控制权就会受到威胁。

因此,创始人在创业时,必须知道并学会使用紧握控制权的常用方法。本章将详细介绍股权分配与股权激励的注意事项。

9.1　创始人要握紧股权控制权，谨防出局

9.1.1　掌握控制权三个关键数字

那些年，丢失公司控制权的创始人都怎么样了？

2001年，新浪在美国上市的第二年，其创始人王志东被赶出董事会，失去对新浪的控制权；

2010年，1号店以80%股权为代价从平安融资8000万元。后来，平安又将1号店控股权转让给了沃尔玛，最终沃尔玛全资控股1号店，于刚离开；

2015年，俏江南创始人张兰被扫地出门；

2016年1月，去哪儿网创始人庄辰超因不敌拥有约68.7%投票权的百度，无力反对去哪儿网与携程的正式联姻，最终选择出走；

2016上半年，万科股权大战炒得沸沸扬扬，其创始人王石早在1988年就放弃了个人股权，当宝能一举成为最大股东，王石面临出局万科的窘境，大家有目共睹。

其实，我们讲的控制权就是要在公司掌握权力。想要实现创始人的控制地位，首先就要明白公司的治理结构和决策机制，从而掌握控制权存在的关键地方。

股权是指股东基于其股东资格而享有的从公司获得经济利益（经济权）并参与公司经营管理（政治权）的权利。

控制权体现在三个方面：股东大会、董事会和管理层，如图9-1所示。

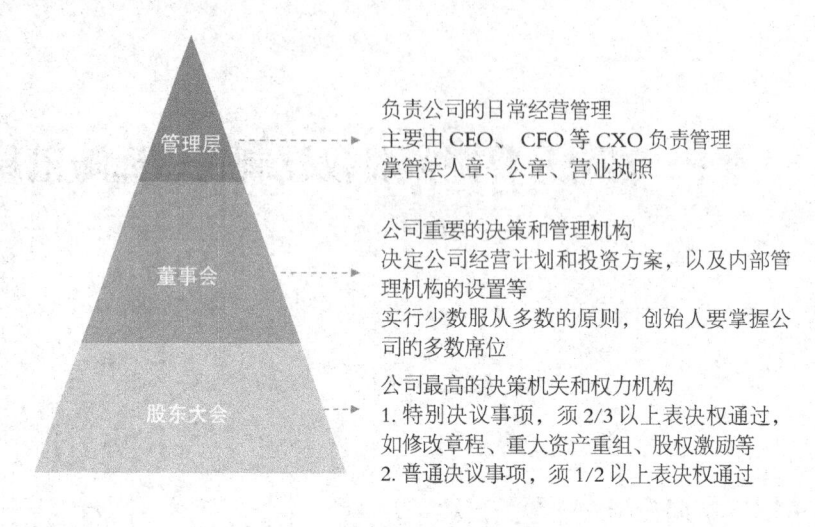

管理层 ----▶ 负责公司的日常经营管理
主要由 CEO、CFO 等 CXO 负责管理
掌管法人章、公章、营业执照

董事会 ----▶ 公司重要的决策和管理机构
决定公司经营计划和投资方案，以及内部管理机构的设置等
实行少数服从多数的原则，创始人要掌握公司的多数席位

股东大会 ----▶ 公司最高的决策机关和权力机构
1. 特别决议事项，须 2/3 以上表决权通过，如修改章程、重大资产重组、股权激励等
2. 普通决议事项，须 1/2 以上表决权通过

图9-1　控制权体现在3个方面

其中，股东大会是公司最高的决策机关和权力机构，实行同股同权，所以你手中的股份就代表了权力的分量。创始人想要掌握控股权就要保证股权比例为67%（绝对控股权）、51%（相对控股权）、34%（一票否决权），同时这三个数字也是掌握控制权的关键数字。

67%：绝对控制权（有权修改公司的章程、增资扩股、股权激励等）；

51%：相对控制权（对重大决策进行表决控制）；

34%：一票否决权（股东会的决策可以直接否决，可以对抗绝对控制权）。

在这里，特别讲一下34%这个数字，占有34%股权的人，拥有一票否决权，可以对抗67%绝对控股权。也就是说，股东会想要通过什么方案必须经过我的同意，我不同意那么这项方案就通不过，相当于变相控制了公司股东会。

9.1.2 创始人掌握控制权的方法有哪些

1. 股权代持

股权代持又称委托持股、隐名投资或假名出资。创始人可以"代持隐名股东"的身份间接控制公司的股权。

方法就是创始人与特定股东之间签订"股权代持协议",以此来使得双方受到法律的保护和约束。

2. 有限合伙持股

创始人可通过持股平台来间接控制公司。

方法就是创始人成立一家有限合伙企业,并担任普通合伙人(GP)。

3. 一致行动人协议

创始人可通过一致行动人协议集中部分股东的投票权,来增强控制权。

方法是与特定股东签订一致行动人协议,以此来使双方的权益受到法律保护和约束。

适用于内资架构公司,并已经具有一定发展规模的公司。另外,创始人还可以通过控制董事的提名和罢免,掌握董事会的控制权。如果公司在境外注册或在境外上市,可以考虑"AB股计划",即"同股不同权"制度。A类股通常由投资人与公众股东持有,B类股通常由创始团队持有。

适用于VIE架构公司,以及已经具有一定发展规模的公司。

【案例说法】

任正非只有1.4%的股份,却掌握华为控制权

华为长期以来坚持"财散人聚"的理念,建立了广泛的利益分享机制,任正非只保留了1.4%的股份,其余都与员工分享,把股份分光。但是任正非仍然利用"有限责任公司可通过公司章程设置同股不同权"的规定,掌握了34%的一票否决权。从而保证了自己在公司重大决策上拥有重要的决策力。

1.4%代表的是股权中的经济权,而对控制权起作用的是股权中的政治权。从股权层面来讲,真正决定任正非拥有对华为的控制权的,是他手中握有的政治权,即会议召集权、提案权、知情权、表决权、诉权(决议撤销或无效)。

(资料来源:刘星宇.任正非用1.4%控制华为的股权设计揭秘.https://zhuanlan.zhihu.com/p/78384531)

9.2 股权激励

9.2.1 什么是股权激励

股权激励是一种通过经营者获得公司股权形式，使其能够以股东的身份参与企业决策、分享利润、承担风险，为公司的长期发展服务的一种激励方法。

9.2.2 股权激励的三种方式

在实践中，股权激励一般有下面三种做法。

1. 直接登记为具名股东

直接把员工登记为公司的具名股东。

这是最简单直接的做法，也是对激励对象最有保障的做法，他们和创始人一样，都是公司的具名股东，除了股份比例有差别，其他权利都一样。这种方式，一般面向核心创始团队成员进行激励，因为创始团队每个人对公司都非常重要，让他们成为公司的股东，可以让每个人都有主人翁意识，和创始人一起努力把公司做好。不过这种激励方式，人数不宜过多，不然可能会带来一些手续上的麻烦。有些工商手续上的事情，需要所有股东签字才能办理，任何一个股东不在或者资料出了问题，都可能导致麻烦。

2.签订《股权代持协议》

不给员工进行具名登记，而是签订股份代持协议，用代持协议来授予员工股权。

代持协议在我国司法实践中是受法律保护的，和具名的股份可以达到一样的作用，但是在实践中的制约性不如具名股份。二者最大的差别，在于代持股份的股东不会登记在市场监督管理局的企业信用网站里，其他人查不到。一般想持有公司股份，但又因为各种原因不想具名的，可以考虑用代持的方式来激励。另外，当激励的股东比较多的时候，也可以考虑用代持的方式，避免股东过多导致的手续上的麻烦。

3.成立有限合伙持股平台

成立一个有限合伙企业作为持股平台，把有限合伙企业变更为公司的股东，然后让员工成为有限合伙企业的有限合伙人，从而达到让员工间接持有公司股份的结果。

这个方案的好处主要在于可以实现决策权集中。在有限合伙企业中，一般由公司的创始人来担任执行事务合伙人，统一负责有限合伙企业的决策，员工作为有限合伙人不参与决策，所以整个有限合伙企业的决策权可以集中到创始人手里，从而保障创始人对公司的决策权集中。这个方案是介于前两者之间的一个方案，既不影响公司决策权集中，又能给激励对象具名登记，在实践中，越来越多的公司开始采用持股平台的方案。

9.3　期权激励

9.3.1　该给员工股权还是期权

除了直接进行股权激励以外，我们还经常听到以期权的方式进行激励的。

股权是指有限责任公司或股份有限公司的股东对公司享有的人身和财产权益的一种综合性权利。即股东基于其股东资格而享有的，从公司获得经济利益，并参与公司经营管理的权利。期权是指公司授予员工在未来一定期限内，以预先确定的价格和条件购买公司一定数量股份的权利。

如果把"股权"与"期权"共同放在"股权激励的方式"这一层面考虑，那么两者的共同点是，都是用股权对员工进行激励；两者最大的区别是：如果授予"股权"，那么激励对象将立即成为公司股东；如果授予"期权"，那么只有在未来满足一定条件后，激励对象才会成为公司股东。

期权激励的好处就是，它绑定了员工未来很长一段时间的贡献，让员工不那么轻易地拿到股份，而是要持续努力，和公司共进退，这样更有助于公司长远发展。

9.3.2 设定合理的期权池

下面我们来介绍期权激励的具体操作。

1. 期权激励首先要确定一个合理的期权池

期权池，是由创始人从自己持有的股权中提取一定的比例，给现在及未来的核心员工预留的股份。期权池需要占据多少股份比例呢？这个没有具体的限制，由创始人自己来定，不过从实践中看，期权池一般为公司全部股权的10%~20%。如果公司创业队伍已经非常完整且稳定，那么期权池就无须预留太多，如果公司团队仍不稳定，甚至有非常大的概率会在后期引入新的"合伙人"，则需要预留得多一些。如果后期期权池不够发了，一般由创始人转让一部分股权给期权池，或公司向期权池增发，具体操作可以由创始团队沟通协商。

2. 期权激励的分配原则

股权期权激励制度是为了更好地"捆绑"核心员工以促进公司的发展，因此，期权的主要激励对象应当是公司的核心员工、重要人才。对于确定核心员工、重要人才的标准，是否设置考验期，是否采用激励股权与绩效挂钩的方式，公司都应制定相应内部制度。对于这一部分激励对象，就分配数量来说，一般越早加入公司且对公司发展越重要的员工，分配的数量应该越多。

除分配给核心员工外，期权池中部分股权还可以用作公司后期招来新"合伙人"，部分创业公司在后期面临的问题是，公司亟须一位能力强的人才以"合伙人"的身份加入，需要给予他比较多的股权，但届时公司经过数轮融资，创始人的股权比例已经被稀释得比较严重，如果从创始人处转让，则可能会造成公司治理上的障碍。因此，考虑到后续"合伙人"的加入，我们建议公司第一次发放激励股权最好不要超过期权池总数的一半，以便给后续发展留下空间。

9.3.3 期权授予的方式

通过与员工签署股权激励协议，列明授予激励股权的关键事项，主要包括授予的数量、考验期长短及条件、行权价格、授予起始日、授予期限、行权确认期等。

其中，考验期一般自员工正式入职之日起算，通常为6个月或一年不等，可由公司自行确定，考验期满且员工符合一定条件后，才进入正式的激励股权授予期。考验期存在的意义是为了让公司对新员工有更深入的了解。一般而言，在公司初创阶段，行权价格相对较低，一般为象征性价格，甚至可以是0元。但随着公司不断发展，如果前景比较好，那么后续激励对象的行权价格就会随之升高，届时行权价格可以参考评估后的公司净资产。

授予期限一般为4年，具体期限可由公司自行确定，包括是按月授予还是按年授予，或者每两年授予一次也可以，在每一阶段期满后，员工一般需要在一定时间内确定是否行权。

9.3.4 已成熟期权如何行权

在每一阶段授予期限到期后，激励对象需要在股权激励协议中列明的期限内发出行权申请书，公司在收到行权申请书并核查后，向员工发出行权通知书，员工持行权通知书办理相应手续以完成行权。

9.4 退出后股权和期权如何处理

最后我们来说说退出机制。

创业早期,大多数团队都是齐心协力,目标都是想把公司做好。但是随着公司的发展,会出现各种各样的问题,大部分企业经过一段时间之后,都会遇到核心员工离开的情况。如果没有提前确立一个合理的退出机制,就会很容易发生大家对退出条件预期不一致,导致友情破裂,甚至反目成仇,互相攻击。这时候一个好的退出机制,能让大家有一个共同的预期,处理起来就会相对比较顺利。虽然不能一起共事了,但至少好聚好散,情谊还在。

退出机制一般都是约定,当员工离开公司的时候,他所持有的股份或期权是否可以被赎回,以及以什么样的价格来赎回。

这里,我们需要区分员工离职的情形,如果员工违反了公司的劳动制度或其他纪律并离职,那么一般处理方式为:已行权部分的激励股权由创始人或其指定的第三方以最低对价回购,未行权部分的激励股权不再授予。

如果员工未违反劳动制度或其他纪律而离职,则未行权部分的激励股权不再行权,已行权部分的激励股权可以由公司考虑让其继续持有,也可以考虑有偿赎回。

赎回的价格,一般是由双方协商,不过可以事先商量好一个参考标准。如果公司有风险融资，则可以按照风险融资时公司的估值来计算。每股价格 = 公司估值 ÷ 总股数 × 参考折扣。这里的参考折扣可以协商。一般融资类型的企业估值虚高，如果按估值原价回购，公司根本出不起这个钱，所以折扣比例一般比较低，实践中比较合理的区间在1~3折。

如果公司没有风险融资，或者距风险融资已经过去很久了，则可以考虑按公司净资产来计算：每股价格参考值 = 公司净资产 ÷ 总股数。

上面也只是一个参考值，但是大家在一开始就协商好，到时候再基于参考值去协商，比没有参考值还是要好很多的。

期权激励可视化流程见图9-2。

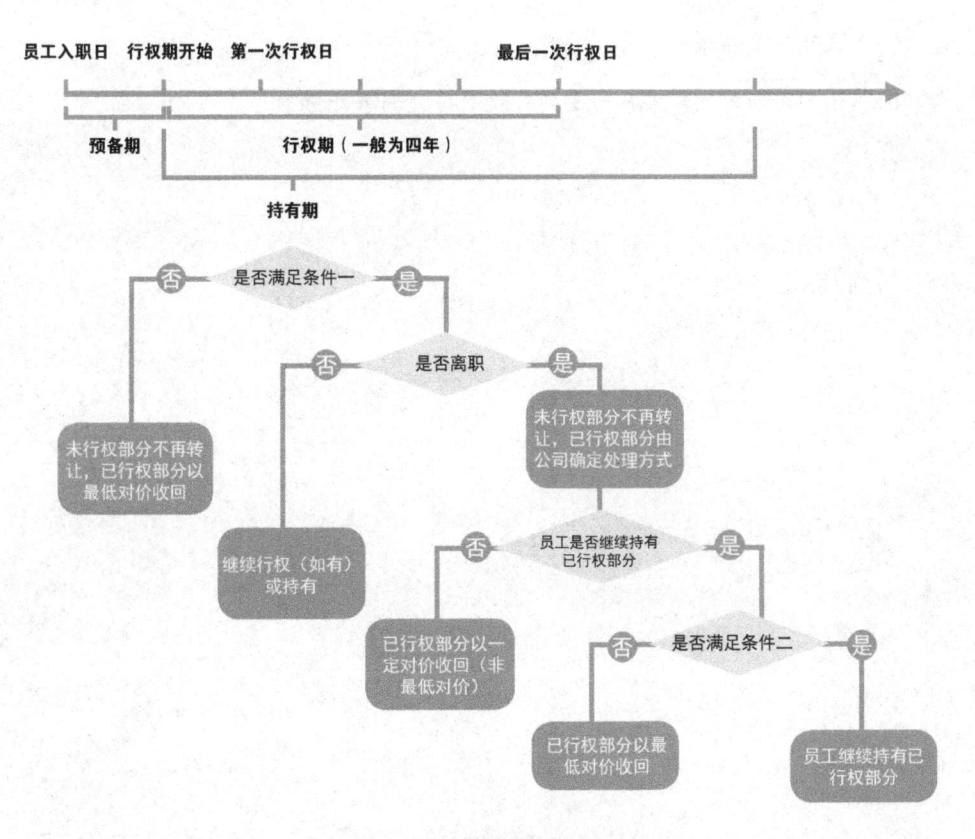

图9-2 期权激励可视化流程

注：

条件一：

（1）未因重大违法违规行为被政府部门予以行政处罚；

（2）未因重大违法违规行为被司法部门予以刑事处罚；

（3）如员工为公司高级管理人员，不具有公司法第147条规定的不得担任公司高级管理人员的情形；

（4）未严重违反劳动合同或公司管理制度的规定（包括但不限于保密义务）；

（5）未在与公司（含公司的关联方）存在竞争关系的企业兼职或担任顾问。

条件二：

（1）未违反竞业限制义务（如有）；

（2）未因离职前的职务行为受到行政处罚、刑事处罚等。

第十章
数字化时代的企业管理工具

数字化是未来发展的大趋势，无论是互联网，还是人工智能、大数据，本质上都是数字化这个大趋势在不同领域的具体表现。21世纪初，数字化主要集中在 C 端，即个人消费领域，包括搜索、社交、电商等；从2015年开始，创投圈逐渐形成共识，C 端的红利已经越来越少，大家开始陆陆续续往 B 端加码。To B 领域的 SaaS 类工具也开始逐渐成长起来。作为一个创业公司，如果能够在公司创立之初就找到合适的数字化之路，将会是这家公司在这个时代的核心竞争力之一。

10.1　企业内部沟通工具

10.1.1　为什么要选一款企业内部沟通工具

这里的企业内部沟通工具是指钉钉、企业微信、飞书等互联网公司出品的，专门用于企业内部员工沟通的 App，一般同时有 PC 端和移动端版本。

1. 建议所有企业都选择一款基础的内部沟通 App

企业最核心的资产是人才，而人才每天做得最多的事情就是沟通。

使用数字化的企业内部沟通工具至少会在以下几个方面发挥价值：

（1）新人快速融入。比如，一个新员工加入后，会自动被拉入公司架构，直接在内部沟通 App 里找到需要联系对接的同事，而不用再挨个儿加微信。

（2）提高沟通效率。企业内部沟通 App，针对企业内部沟通场景做了很多优化，例如，对话发出去后，可以看到是否已读；"钉一下""加急提醒"等功能，方便在对方未及时查看消息时加急处理。

（3）为沟通留下记录。比如，云文档功能，一个员工离职之后，之前写的文档会自动留下来，避免员工走了把文档都带走。

2. 跟着互联网大厂生态走，顺势而为

早期这些 App 都是以即时通信（IM）为主，即文字聊天、语音视频聊天等，但随着产品的迭代发展，这些 App 逐渐扩展边界，融合了包括在线文档、云盘、日历、电子邮件、考勤打卡、流程审批等办公协同类功能，甚至接入了很多第三方应用，包括团队协同、文化建设、客户关系、人力资源、企业培训、财务报销等领域，以及各种垂直行业的应用生态。

伴随着云服务的发展，各大互联网公司在云服务和办公软件的协同上下了重注。比如，阿里就提出了"云钉一体"的战略，腾讯也在腾讯云和企业微信的融合上做了很多工作。未来企业内部沟通工具 App 将会成为企业云服务和企业应用的核心，甚至是唯一入口。

3. 数字化是不可阻挡的大趋势，现在 To B 领域的数字化还处在早期红利期

越早进入越有认知上的先发优势，用上这些数字化的办公 App，会让企业管理者及员工对企业和组织有全新的理解，尤其是在管理方式、企业文化层面，都会收获很多新认知。

10.1.2 钉钉、企业微信、飞书，如何选择

钉钉、企业微信、飞书，分别代表近几年国内发展最好的三家互联网公司——阿里、腾讯、字节跳动的产品。在选择使用哪个产品之前，我们先来对比看看这三个产品在各自公司的诞生和发展背景。

1. 钉钉

钉钉是阿里出品，之前这个团队是在案例负责一款 IM 软件，叫"来往"，当时想要跟微信 PK，后来没成功，阿里放弃了这个项目。但是这个团队不甘心失败，于是迂回到 B 端，做了一个钉钉。没想到他们竟然不声不响地把钉钉做起来了。阿里管理层一看，很好，终于在 IM 端可以和腾讯 PK，有自己的差异化竞争力了，于是大力扶持钉钉。在阿里的扶持下，钉钉也进化得非常快，功能铺得很全，生态也快

速完善了起来。

钉钉的功能和生态非常完善，有很多方便使用的功能。比如，"钉一下"功能，可以让老板的命令快速传递下去，使命必达；钉钉背靠着目前云服务市场排名第一的阿里云，服务比较稳定；适合的公司范围非常广，从政府机构，到小微企业，甚至现在的中小学网课都在用钉钉。新冠疫情期间，钉钉迅速拿下了中小学生上网课的市场，就是因为阿里云的稳定支持。

2. 企业微信

有人说腾讯的企业微信做得太晚了，跟钉钉相比，已经落后太多了。从目前的市场占有率和影响力来看，确实是这样。但是，这不代表企业微信就没有机会了。因为企业微信背靠的是腾讯在整个 IM 端的资源。之前为什么企业微信没有做过钉钉，一个原因是腾讯内部不太重视，给了钉钉机会。当阿里在全力做钉钉的时候，腾讯还在搞微信小程序生态，没有把企业微信放到战略级别。另一个原因是微信的产品负责人张小龙在对待微信的商业化方面一直非常克制，在没有想好企业微信怎么做之前，不会开放太多权限。因此，之前几个版本的企业微信一直非常鸡肋，和用户端微信的打通做得非常限制。比如，企业微信不能发朋友圈，不能拉群聊，等等。但是从2019年12月企业微信年度发布会，推出一个新版本之后，企业微信已经把和微信端打通的功能都逐步开放了。未来在和个人微信打通这方面，腾讯有着更大的可能性。

企业微信最大的差异化价值，就在于企业微信可以和用户端的个人微信打通。比较适合有销售团队，且销售团队经常需要和客户加微信沟通的公司。用企业微信来代替销售个人微信添加客户，可以从一定程度上避免销售离职带来的客户流失。企业微信做得比钉钉晚，功能完善度不如钉钉。不过它的产品交互非常符合腾讯系产品的特征，简洁清晰，功能虽不全，但对中小企业来说基本够用。和钉钉背靠着阿里云一样，企业微信也背靠着腾讯云，腾讯云的优势在于可以联通微信公众号、小程序等整个微信生态。但是仅就云服务来比较，无论是从市场占有率还是整体的表现来看，腾讯云和阿里云相比还是有较大的差距。

3. 飞书

飞书是字节跳动旗下的产品，也是字节跳动自己内部的工作软件。其实字节跳动早期没有自己开发工作软件，而是用其他公司的，从国外的 Google 办公套件、Slack，到国内的钉钉，它都用了一个遍，觉得这些都不满足需求，最后只能自己开发，就成了现在的飞书。飞书的功能有很多字节跳动的基因，追求的是组织效率最大化。它和钉钉、企业微信有一些差异化的地方，比如，飞书非常看重日历的功能，把日历作为一个一级导航菜单，而钉钉和企业微信都把日历放在很不重要的位置；再比如，飞书会去做 RSS 源订阅这样一个需要一定技术能力才能用的功能。

如果你是科技类、媒体类公司，对字节跳动这家公司的组织管理方式非常认可，想要学习字节跳动快速增长的方法论，那么可以考虑用飞书，不仅会用起来比较顺手，还会有很多意想不到的收获（见表10-1）。

表10-1 三个产品一些核心功能的对比

	钉钉	企业微信	飞书
即时通信	基于办公场景出发，有很多创新；"钉一下"功能，尤其适合上传下达	和微信体验非常接近，上手容易，但缺少基于企业办公场景的功能创新；最大的优势就是可以直接添加用户微信，和用户直接沟通	基于字节跳动的实际办公场景出发，有很多独创的效率提升的创新点
视频通话	稳定性、易用性整体表现最好	最大的优势是可以和用户端微信直接视频通话	视频通话和文档的结合做得不错，可以在多人视频通话的时候进行文档的协作（包括展示、编辑等）
在线文档	直接接入 WPS 云文档，最大化保留用户习惯，上手钉钉文档的门槛不高，基本可以无缝切换	文档采用独立模块，功能亮点不足。但最大的优势是可以和用户端微信打通，例如写好文档直接发给用户端微信，可以给微信账号授权查看	在线文档是飞书最核心的功能之一，在稍微学习适应之后，就会感受到，飞书在线文档的使用体验非常好。与 IM 体系完全打通，文档和信息流融为一体

续表

	钉钉	企业微信	飞书
考勤打卡	做得最早,功能最全,而且可以自定义配置很多规则	相对比较基础,满足一些核心功能	相对比较基础,满足一些核心功能
生态应用	数量最多,涉及领域最广,从大众应用到垂直领域,都有合作的应用	应用数量相对较少,不过主流的应用也都有涉及,还接入了一些腾讯自己的内部应用	走精品路线,重点接入一些头部产品和快速增长的产品,追求效率和体验,呈现年轻化、国际化的特点

10.2 巧用数字化管理工具提升团队效率

笔者曾经在之前的公司主导过钉钉和企业微信的部署，后来在字节跳动又以员工的身份深度使用过飞书。下面以字节跳动的飞书产品作为示例，来说明一下如何使用数字化产品来提升内部效率。

10.2.1 基于在线文档协作一切

1. 文档为什么重要

开放的信息是自驱组织的必要前提。传统的协作方式一般会选择通过群聊、会议传递信息。然而，群承载不了所有需要开放的信息，且随着团队、业务增长，会议的实时通信越来越无法安排，利用 PDF、PPT、图片等很难与同事互动。因此，我们需要文档来提供更多开放的信息。

传统 PPT、Word，甚至截图 Excel 的汇报，都是过时的、无法搜索、分享、协作的信息。相比之下，飞书功能强大且与 IM 协作非常好。

字节跳动倡导给员工提供充分的信息，而非控制（Context not Control）。

我们每个人都有自己的定位和自己擅长的部分，充分 Context，让每个人能看到更多信息，这样才能充分协作。

2. 写文档不是很麻烦吗

写文档，是投入。

在写文档的过程中，完成了个人对信息的整理，是价值 A；文档被更多的人异步阅读，对他们的工作带来帮助，是价值 B。

价值 A+ 价值 B> 投入时，写文档就是有必要的；读者越多，价值越大。

文档是个人时间的杠杆，通过文档减少同一内容的反复零散沟通，就像做了一次时间的理财。

3. 文档的应用场景

项目计划、项目复盘报告、部门周计划总结、跨部门协作指南、员工入职培训等都可以用文档来写，也应该用文档来写。只要你持续书写并与同事在文档中互动，你就会爱上这种新的协作方式。

4. 为什么一定要用在线文档

（1）相比于群聊和会议沟通，用文档沟通的优势

・形式丰富，可以讨论表格数据、图片。

・信息沉淀、完整，多人异步同步，每个加入文档的人都能了解前因后果。

・单人定向交流，任意两个文档阅读者，可以就某个点详细讨论，并抄送给其他文档阅读者。解决了在微信群里，屏蔽了怕错过消息，不屏蔽又被别人的聊天刷屏的问题。

（2）相比文档，在线文档的优势

・云存储：多设备多平台随用随到。

・全局全文搜索：检索非常重要。

・多人同时编辑：多人协作大大解放了生产力，避免反复传输文件。

・版本管理：编辑的人多之后，就会产生很多版本，云文档可以看到历史版本。

・强化互动功能：如评论、画线评论、@某人等。当然大部分平台都有评论功能，但评论易不易用，反映了平台对互动、协作的重视程度，也很重要。

・更重视内容的文档设计：文档重视大纲格式，关注内容本身，不用纠结字

体、字号等，只需关注内容；快捷键一应俱全，提高效率。

（3）飞书文档的优势则在于与即时通信（Instant messaging，IM）的高度整合

· 在飞书文档中@你的同事，他们会直接在IM中收到提醒，且可以直接在窗口中打开，这个功能让基于文档的协作成为一件愉悦的事。

· 支持丰富的公式，几乎可以当Excel用。

· 而且用户在一个飞书文档中插入表格之后，可以自由使用各种公式和特殊格式。创建表格时，有丰富类型可以选择。

5. 思维笔记是一个可以在大纲笔记和思维导图之间任意切换的工具

（1）使用场景

发散思维、写文档大纲、写简单的随手记，都可以用思维笔记。

（2）使用案例：部门工作日报

用飞书思维笔记写日报，通过画线评论，直接和同事对日计划进行沟通总结，早期的内容可以做折叠。

6. 使用在线文档的四个好处

（1）用在线文档可以做好企业的知识沉淀

除了资金、产品、建筑这些有形资产，一家企业还具有许多无形资产：人力、创造力、创新能力、品牌、知识积累等。最近这些年，越来越多的公司意识到，公司的知识资产可能比有形资产更有价值。在飞书，可以实现效率工具的All-in-One整合，助力了个人和公司的认知提升与知识积累。

（2）让公司内部的信息流动起来

促进信息在流动中共享，是知识资产积淀的第一步。

最早，工作资料与文件分散在不同部门成员的电脑中，而不是在云端。想开个跨部门的会议，需要先花时间核对项目版本。编辑对外沟通时，也需要先在硬盘内翻找档案资料。后来，协作团队用了协作文档，但共享的过程有些麻烦。办公室里常常听到这样的提醒"文档所有者请帮忙开一下权限"。

现在，通过飞书的消息窗口发送文档，相当于默认给对方开启了文档的阅读

权限。如果想添加编辑权限，还可以直接在消息窗口完成，不会再出现"文档在手，权限没有"的问题。

（3）自动记录每个好主意

飞书提供的自动化工作流工具飞书捷径，在玩家团队内部的利用率特别高。

公司鼓励大家在全员群里分享看到的好点子，或坦诚提出对业务的建议。群里活跃度高，常常会有很有启发的头脑风暴发言。但没有人花时间整理这些建议，有的提过一嘴之后，就被其他信息淹没了。

这时，可以通过自定义配置的飞书捷径，@对应的机器人，就能自动在指定文档中记录发言内容了。无须复制粘贴操作，还能保证结构化的信息沉淀。回看当时的讨论语境，更有利于团队成员利用碎片时间复盘并进行延展思考。

（4）不留"结论文档"，留"过程文档"

有时，协作团队非常担心距离成为协作的障碍。例如，公司计划在上海开设办公室，那么与北京总部的协调合作会不会遇到困难？事实上，远程办公不是问题，线上办公室、屏幕共享等功能，让大家感觉仿佛还坐在一起。

也正是因为远程办公的要求，公司引入了以云文档为基础的"飞阅会"会议模式，常规会议时长缩短了一半。现在的流程是：会议前，发送文档链接，大家先一同阅读文档、评论问题，再逐条解决评论，最后完善会议纪要，落实到 TO DO。

每次开完飞阅会，都会形成一个包含项目完整信息的文档。这个文档不仅记录了开会的结论，更注重记录开会的思考与讨论过程。这些内容通过评论能很好地留下来，加之飞书云文档内部通过链接互相关联，繁杂的内容可以被组织起来，多篇文档就可以沉淀成系统化的知识库。

飞书一直致力于帮助企业提升效率，简化沟通，每个设计细节都基于团队进步的洞察力。知识资产并不玄妙，也并非大公司才能有。愿每个成长中的年轻公司，都能借力飞书，耐下心来，慢慢沉淀认知，厚积薄发。

10.2.2 文档+视频会议，让开会更高效

相信很多初创公司都是这样：开会的话以讨论型为主，很少有一对多的输出型会议。随着字节跳动的开会模式被各公司纷纷借鉴，大家也开始尝试了开飞阅会。

简单来说，开会不再是一人独讲 PPT，而改为"阅读文档—评论问题—解决评论"，主持人需要保证参会者都充分了解会议背景，都有机会表达自己的观点，有秩序地进行思维碰撞。

飞阅会能够提高每位成员的参与度，帮助调动讨论积极性。虽然会前的准备时间延长了，但会上的沟通成本明显降低了，并且团队的讨论效果是比较好的。

飞书相信"学习即实践"——投入使用效率工具，就是最便捷的、提升效率的管理实践。中小企业在全员提效，逐步走上管理正轨的过程中，可以慢慢找到自己的竞争优势。

10.2.3 审批、汇报与投票，让你提速又提效

1. 各种审批流程跟进

签字盖章，不用追究前因后果，点一下就可以。

需要处理的审批也会通过飞书消息提醒，通过消息卡片可以跳转到审批后台处理。

2. 每日/每周工作汇报

飞书在工作台中提供了日报、周报、月报应用，便于你直接进行周期性的工作汇报，有效提升团队效率。除了可以灵活设置汇报规则以外，还可以创建催交提醒。系统会在指定时间通过 BOT 消息提醒汇报者。

3. 逐个投票，快速汇总意见

如果是一些简单直接的问题，比如，确定例会时间、选择团建奖品等——直接在群聊中发起投票，成员即可一键快速表态。投票之后，团队成员可以直观地看到各个选项的票数，以及已投未投的人数。

在飞书，团队成员之间发送消息，或回复消息，并不一定要以文字对话的形式进行，"不用多说"，更高效。

10.2.4　OKR：加速自我驱动、实现团队目标

OKR（Objective and Key Results），中文名称是"目标与关键结果法"，是协助组织进行目标管理的有效系统（见图10-1）。

图10-1　目标与关键结果法分析

OKR 中的 O 即目标，是组织长期使命与愿景的承接，回答的是"我和我的团队想要完成什么"。KR 即关键结果，是实现目标的关键路径，回答的是"我如何知道自己是否达成了目标"。

KR 由 O 分解而来，用于支撑 O 的实现。理想状态下，当某个 O 所对应的 KR 全部完成时，这个 O 也就实现了。制定目标、拆解目标、对齐目标的过程，能促进员工对业务的深入思考，帮助他们更好地理解组织愿景，从而找到实现自我价值的途径。

飞书 OKR 目标管理工具支持目标对齐、进度跟踪、划词评论、数据看板、权限管理等功能，为用户提供了可视化的全流程管理系统。从制定 OKR、跟进 OKR

到总结打分，整个流程一目了然，方便团队聚焦重点、统一目标、跟踪进展，做好目标管理及协同。

10.2.5 巧用二维码，实现管理降本增效

字节跳动的员工管自己叫"ByteDancer"。走进字节跳动的工区，你听到的第一句问候很可能是这样的："来，同学，扫码。"

他们扫的是什么码？

1. 同学，扫码进工区

全体 ByteDancer 每日需要通过健康报备应用，上传自己的定位和体温信息，在门口出示扫码结果，安保查验后才能进工区。

2. 今天菜太咸，扫码

在字节，吃饭非小事，毕竟吃得太多了。一天三顿饭，加上下午茶、零食、自动贩售机……众口难调，所以反馈非常重要。那么，负责餐饮服务的同事，怎么才能合理地、持续地收取有效反馈？ByteDance 的做法是——在食堂的纸巾盒上贴个二维码。

类似的满意度调查二维码，你还可能在很多地方看到，如摆渡车的椅背上、会议室的桌子上。

3. 家庭日活动签到，扫码

访客进入字节跳动工区，直接扫描前台 iPad 上的二维码就可以验证身份，快速、安全且方便。

遇到性质特殊，需要精准统计出席情况的会议或活动时，可以开启防作弊签到模式：使用动态二维码签到，加上定位上报。而且签到数据都会被保存在数据统计后台，会议 / 活动复盘时可以一键导出，作多方位数据分析。

4. 领粽子 / 月饼 /T 恤，扫码

一个二维码让礼物发放成本可控，也能节约大家的时间。个别情况下，想为

同事代领也可以，扫码填姓名就行。被代领人还能马上收到消息推送。

5. 领快递、借雨伞，扫码

快递到了是一件幸福的事儿。字节跳动的员工小邮局为ByteDancer代收快递，在飞书里收到通知，用飞书扫码完成线下领取。

下雨没带伞？不用愁。在每个工区的前台都可以扫码借雨伞，还可以跨工区还伞。

6. 这有个给大家的通知，详细信息扫码查

重点信息贴在外面，有需要了解详细信息的同学，可以扫二维码阅读。

7. 匿名建议收集开始了，扫码写下你的问题

字节跳动定期召开全员沟通会（All-hands meeting）。全员沟通会不变的传统是：一是会前匿名收集大家的问题；二是会后匿名收集与会者反馈。

这两年，会议结束后扫码填反馈成了ByteDancer们的习惯。多贴一个二维码使大家的沟通环境变得更好了，让每个人都知道自己的声音会被倾听、问题会被传递。

我们习以为常的二维码，其实是实现企业信息网络化的"底层能力"。

ByteDancer深刻理解移动互联的力量。在人手一部智能手机的今天，数据可以被实时同步获取。二维码背后不是一个简单的电子表格，而是一套数据系统，它实现了线上线下的简单连接。

信息化的本质是，让数据更加可视、透明，提高数据流转的效率。

对于很多企业，尤其中小企业来说，一些个性化的内部工作流需求并不复杂，我们甚至还可以实现更高效的员工管理、库存管理、客户管理、招聘管理、营销活动追踪等。

10.2.6 案例：字节跳动如何36小时内实现"请全国人民看《囧妈》"

字节跳动用36小时谈下"囧妈"，用飞书实现跨团队、跨地域、线上线下高效协作，实现历史首次春节档电影在线首播，成为一时佳话。我们通过时间线的角度，还原当时争分夺秒的场景，一窥字节跳动是如何通过工具重塑工作方式的。

倒计时4天：警钟响起，过年与抗疫的双重赛道。

2020年1月21日，距离新年还有4天，新冠疫情开始暴发，牵动所有人的心绪。眼看年关将至，陆续有员工在飞书审批应用中请假，错峰回家。

倒计时3天：一个自由发言的地方，必有灵感的涌现。

形势愈加严峻，第一部电影开始撤档。

而在字节跳动内，对形势异常敏感的员工们开始自由发声，在字节跳动内部论坛提出春节电影线上放映的提议，并创建了话题群集合志同道合者展开小范围讨论，引起了西瓜视频负责人的注意。行动力超群的他们立即推动立项，建立了春节电影专项讨论群并起草了项目文档。

他们在飞书告知西瓜、抖音、头条等各业务线相关同事，"春节档很可能要撤，考虑在字节平台线上首播，我们开始准备吧"，字节跳动《囧妈》项目就此正式启动。

倒计时2天：紧锣密鼓，虽隔千里，飞书破局。

离过年还有2天，娱乐场所停止营业，春节电影全部撤档，战疫正式打响。

第一件事情，就是快速对齐项目背景、预期和分工。会前，用飞书文档对《囧妈》项目文档插入表格、文件、图片、视频、群聊、流程图等内容，用飞阅会模式，在会中一项一项过，最大化提高效率、防止遗漏。

在飞书视频会议强大功能下，虚拟背景、降噪功能、美颜等特效功能降低会议干扰，显示字幕和实时翻译让英语母语同事参会成为可能。飞书视频会议和飞书文档拍档诞生的飞书妙享功能，使得参会者在共享画面中就能编辑文档，让每个人的参与感和投入度放到最大。

会议结束后，用飞书妙记分享会议录屏和关键信息，方便及时回顾和分享。用飞书与外部人员协作时，即便对方没有下载飞书也没关系，飞书支持外部网页端和电话入会。

另一边，各专项分头拉群，一事一群，不混杂，不含糊，工作进展和思路清晰明了。一系列紧锣密鼓的排布后，所有的资源、时间轴、负责人拧成一股绳，小组内全天通话，涉及近200人的作战行动迅速展开。

倒计时1天：全速冲刺，最优方案在最后关头终于跑通。

2020年1月24日，字节跳动和徐峥导演官宣披露，抖音、头条、西瓜请全国人民免费看《囧妈》，瞬间引爆了舆论，热搜冲上了榜首，暴增的各种数据让有的同学一年的OKR都提前完成了。

与此同时，项目组部分成员正在克服最后的难关，他们用飞书扫码领取口罩，用飞书健康报备应用汇报无恙后，聚在了飞书会议室，兵分三路，齐头并进。

因为这是首次尝试在新媒体首播院线电影，介质与新媒体平台的磨合调试难度并不小。零点前最后一个小时，大家不约而同地开始逐个报测试状态。

倒计时0天：捷报频传，全国人民验收成功。

电影如期上线，第一分钟便收获数千万观众，获得了各大媒体的争相报道和舆论的正面反馈。

凌晨3点，确定一切流程都顺畅稳妥后，项目组开始陆续散去，此时大家才有空翻翻朋友圈，品尝一口年夜饭。

对于西瓜和抖音团队坚持耕耘影视内容的同事来说，业务的突破和成果是鼓励，是希望，也是个意外收获。"我们原以为在黑暗的时光还需要撑一段时间，就闷头努力，不经意间一抬头，好像曙光打到了脸上。"这支年轻队伍的作战勇气，让业务数字发挥出无穷潜力。

对他们而言，更深刻的情绪回报是源于灾难面前平凡个体的使命感，既已狭路相逢，不如躬身入局。

第十一章
数字化时代的新营销

在数字化时代,公司都有了不同的商业发展规划,搭建官网成了很普遍的事情。电商平台逐渐兴起,选择正确的平台合作也成了各公司研究的方向之一。下面将从几个方向讲述数字化时代的新营销。

11.1　搭建企业官网

11.1.1　搭建企业官网是有必要的

在 PC 互联网时代，搭建网站是一件非常时髦的事情，好像只要有了网站，公司就是互联网公司了。到了移动互联网时代，大家都开始用手机聊微信、刷微博、刷抖音，一个网站似乎显得没那么重要了。不过，作为一个企业，不管是不是互联网公司，还是建议搭建一个企业官网。

1. 企业官网是发布企业官方信息的重要阵地

在自媒体信息满天飞的时代，蹦出了很多新词语，如官宣。为什么官宣很重要，因为非官宣的信息很有可能是假的。在一个信息不对称的环境里，大家还是更倾向于相信官方的说法。作为企业，能发布官宣的阵地，除了微博、微信公众号这些媒体平台，就只有官网了。

2. 真的会有人会选择搜索公司的官网

我作为曾经的一个互联网初创公司的产品经理，可以很负责地告诉大家，当公司在媒体上有一点名声之后，真的会有人去百度等搜索引擎搜公司官网，点进去看看。其中包括潜在的求职者、潜在的投资人、潜在的合作伙伴，当然也包括潜在的竞争对手。而且从我们之前网站的点击热力图统计来看，对于一个新型企业的官网，大家往往更感兴趣的是："关于我们"和"联系我们"模块，这两个模块可以重点写。

3. 官网网址 + 邮箱后缀，打造整体品牌感知

搭建官网的时候，需要申请一个网址，这个网址可以作为企业官方邮箱的后缀，印在自己的名片上，用自己的官网网址做邮箱后缀，比 QQ 邮箱，或126等公共邮箱更有品牌感知度。

11.1.2　如何用最低成本搭建企业官网

搭建官网不一定非得懂程序设计，也不是必须通过找程序员来写代码实现。现在有很多云服务（如阿里云、腾讯云等），提供搭建企业官网的一站式服务，从域名注册、网站设计到最后成功上线，都有专门的技术人员帮忙操作，最便宜的花一两千块钱就可以搞定。

11.2　互联网媒体平台

11.2.1　新媒体平台：微信、微博

新媒体是一个相对的概念，是报刊、广播、电视等传统媒体以后发展起来的新的媒体形态，包括网络媒体、手机媒体、数字电视等。本文仅分析互联网大公司斥巨资打造的新媒体平台。

1. 微信

微信月活跃用户数突破12亿，巨大的用户群体，就像一座富矿，引来众多的淘金者挖掘。具体而言，在微信平台上，企业常用的新媒体资源和工具包括微信公众平台、微信群、微信个人号以及微信的广告资源。

（1）微信公众平台的功能定位

①自媒体

自媒体主要指的是先写出自己的感受，然后发布到各大社交平台上的那一类。对于一个自媒体创作者来讲，我的建议是做自己有兴趣且擅长的账号来运营，比如喜欢篮球，喜欢NBA，就可以去开个公众号聊聊NBA的故事。

②纯粹卖货类

这和微店一个性质，但也能对品牌有一定的宣传。

③品牌类

这是一些大公司玩的策略，微信公众号成为其品牌宣传的一个窗口，不销售，也不做客户维护，就是跟企业挂钩，成为一个宣传触点，如可口可乐。

④新老客户的关系维护类

现在微信公众号已经成为数据库营销的主战场，全网营销所有品牌触点最终落地于微信公众号，微信承担了CRM（客户关系管理）角色。这个思路应用在一些带有实体性质的企业尤为突出，如餐馆、酒店、KTV、美容场所等。以会员形式结合微信公众号运营来操作，所有广告投放，最终通过二维码或者微信号形式入住公众平台。

（2）微信群的功能定位

用户社群运营和客户服务的载体。相比于QQ群，微信群作为用户社群运营平台，不足在于：功能较少，社群管理较为困难；优势在于：用户打开频次更高，用户体验更佳。

（3）微信个人号的功能定位

客户服务工具。微信订阅号打开率低，互动形式受到限制，微信服务号，互动形式和消息推送频次均受到限制。企业微信个人号添加用户为好友，互动形式更为多样，能够为用户创造更佳服务体验。

（4）微信广告资源

①微信朋友圈广告

微信系统广告，可根据手机类型、年龄、城市和兴趣表情对目标人群进行匹配。

②微信大号广告之硬广文章

简单粗暴，阅读体验和转发率差。

③广点通广告

微信系统广告，也就是微信公众号末尾的 Banner 广告。

④微信大号广告之软文广告

常见优质公众号，其广告形式易于被粉丝接受，需要注意的是，要找到与你的目标用户定位一致或相似的微信大号。

⑤微信大号广告之视频贴片

因为是口播+品牌，因此效果较好，但要考虑到合作周期和价格。

⑥其他

文章赞赏、昵称广告等。

2. 微博

这两年，很多人都认为微博活跃度下降了，"你看周边的好多人都玩微信，都不怎么玩微博了"，这只是一种假象。一方面，微博和微信本就不同，微博是社交媒体，微信是即时通信；另一方面，持微博活跃度下降观点的人，忽略了中国互联网的分层和渗透速度。根据微博财报，自上市以来，微博活跃用户连续九个季度保持30%以上的增长。因此，微博和微信各有其优劣势。

具体而言，在微博平台上，企业常用的新媒体工具和资源包括微博企业自媒体和微博广告资源。

（1）微博企业自媒体功能定位

①用户拉新

微博作为社交媒体，基于其社会化自传播特性，传播速度极快，因此，微博往往是品牌话题营销和事件营销的绝佳载体，快速拉升品牌声量。

②用户活跃和留存

通过品牌与用户的互动，通过微博提供增值服务，提升用户对互联网金融平台的满意度，增强用户黏性。

（2）微博广告资源

①粉丝通广告

按效果付费，新浪微博系统广告，可根据手机类型、年龄、城市和兴趣表情对目标人群进行匹配。

②微博大号广告之软文广告

利用微博大号做推广，看重的不仅是大号的流量资源，还有大号的信任背书效果。

③微博大号广告之硬广

部分微博大号拒绝接受硬广。

11.2.2　抖音、快手等短视频平台及其营销方式

短视频行业逐渐兴起，成为人们消遣的主流方式，占据了大量的碎片化时间。在短短两三年的时间，它的行业渗透率就超过了70%，完成了前期的流量积累，打通了商业化变现之路。现如今，许多品牌已经布局了短视频内容，主要包括品牌介绍、品牌宣传、业务推广、产品促销、促进用户参与度、增加用户触达。

1. 抖音、快手、微信视频号三个平台优劣势分析

（1）抖音

①抖音优势

抖音单日活跃用户数量已超6亿人次，个性化流量分发、算法推荐强大。

年轻化、运营强，内容创作丰富，涵盖优质 KOL（拥有更多、更准确的产品信息，且为相关群体所接受或信任，并对该群体的购买行为有较大影响力的人）和优质 UGC（用户原创内容）、PUGC（专业用户生产内容）。

背靠产品矩阵，与西瓜、火山等产品间互动保证用户数量；海外市场布局，在当今国内市场红利逐渐饱和的情况下，较早布局海外市场，能够获得更为广阔的发展空间。

利用 KOL 的 IP，开展粉丝经济（直播带货）。

市场覆盖率高，头部企业账号更容易获取用户，后入局的难度在逐渐增大。

②抖音劣势

中心化趋势较强，社交基础较为薄弱，社交开展阻力较大。

内容参差不齐，同质化较为严重，KOL 依赖性强。

国家监管部门加强对短视频平台的监管，未来的运营模式不能像快速增长时野蛮生长，需注意内容质量。

人口红利消失，获客成本增加。后期的产品用户增长重点要转向以优质 KOL 和 UGC、PUGC、PGC，增强用户的黏性和留存，打造属于自己的商业闭环。

短视频平台逐渐成为电商运营的新的土壤，短视频的优质内容逐渐被稀释。

（2）快手

①快手优势

产品去中心化，社区社交属性强，用户黏性强。

市场下沉，三四线城市用户占比较大。

较为完整的直播电商生态，覆盖了 UGC、PUGC、PGC 的内容和各类电商模式。

②快手劣势

内容管控力度弱，视频内容质量参差不齐，同质化模仿严重，优质原创内容薄弱，创作者需要打造属于自己的 Logo 和标签，增强用户的黏性。

低端标签，需要运营、引入优质 KOL 改变大众印象。

市场竞争激烈，字节系整容"三打一"，占领市场份额较为困难。

由于本身定位较为模糊而且与抖音产品重合度较高，需要打造属于自己的 Logo 和标签，摆脱"低俗"的用户评价标签。

人口红利消失、国家监管力度加大、电商行业进入稀释优质视频内容等（与抖音类似）。

（3）微信视频号

2020年初，抖音、快手收割一切，双强格局将持续多年是业内对短视频行业的一致看法。而就在这一年，微信视频号上线。

相比于短视频，微信对直播边界的拓展显得更明显些。作为社交产品，微信的用户标签更加多元立体，用户在微信内产生的社交数据、搜索关键词数据、付费数据都能成为算法推荐的数据来源，这也使得微信基于社交做视频直播具有天然的优势。

微信本身完善的生态和独特的社交氛围也为视频直播商业化提供了完善的基础，并且小程序接入了海量的商家和供货渠道，利于变现。

①微信视频号优势

视频号拥有和抖音号同样强大的私域引流流量，并且借助微信的天然社交属性，视频号引流更加便捷。

和公众号关联，"大号带小号"，用公众号给视频号直接导流粉丝/流量/点赞，有先天性优势。

微信游戏推荐页出现视频号热门，这对游戏类视频号主播来说，是一个流量入口。

发朋友圈也可以添加标签，在朋友圈点击标签，可以看到视频号相关标签动态。

自由分享好友或朋友圈，不需要跳转，并且朋友圈消息中最下端还会显示视频来源。

被提到功能，可以实现双向导流。

附近功能，带动视频号直播。

朋友在看的直播会置顶，借助朋友圈的流量，视频很容易收获流量。

在视频下方商品挂链接或是观看广告就能赢利。

与微信小商店相关联，开启直播带货模式。后续还有可能打通直播打赏功能，在未来，电商直播和秀场直播，这两种主流直播模式都将共存。

②微信视频号劣势

体验差。在视频展示方面，抖音是单屏沉浸式体验，快手是双列点选式，而微信视频号是单列展示。

内容乱。可能是因为刚启动，所以内容也不多，无法做到像快、抖那样的大数据推荐，匹配的视频就是一个字"乱"。

原创少。原创奖励机制尚未成熟。

广告多。一上来都是拉客引流的，管理不够严格、规范。

定位不清晰。其他短视频平台的定位基本都很明确，比如抖音针对一、二线城市，快手针对下沉市场，B站针对二次元市场，所以定位需要非常明确，如果要看短视频，很多用户绝对不会想到要打开视频号。

2. 短视频营销方式

（1）短视频活动营销

可基于短视频平台开展营销活动，如有奖视频创作大赛，用10秒视频说明××平台是最××的平台，鼓励网友原创并且分享。

（2）短视频大号之内容营销

内容营销显然不是传统的广告植入，内容营销是把平台或产品包装成内容，内容即广告这种原生广告形式，这也是未来的趋势。

（3）短视频大号之贴片广告

通常在短视频大号所制作视频前后加上贴片广告。

（4）展现品牌文化

短视频平台提供了一个充分展示品牌文化和特点的机会，可拍摄制作公司团建活动视频，节日员工采访视频等。

视频号不一定会取代抖音、快手，但有可能拓宽短视频边界。同时，视频号所展现出的用户体量和商业化能力会对二者产生冲击，抖音、快手、视频号三足鼎立的局面可能会持续相当长一段时间。

企业选择什么样的平台，取决于你的用户在哪里，他们喜欢什么样的平台，有什么阅读习惯。

11.3 电商类平台与工具

11.3.1 电商类平台与工具的演进

电商是伴随着互联网发展起来的行业，它和每个人的日常生活都息息相关，也是企业销售商品的一个重要渠道。因此，电商平台成为各大互联网公司的必争之地。从早期的淘宝、天猫、京东、当当，到后来玩社交电商的拼多多以及通过短视频直播带货的抖音、快手，电商平台发展得越来越快，也产生了很多新的玩法。

作为小商家，和这些大平台之间是一种博弈的关系。一方面，商家很想抓住平台的流量红利；另一方面，平台在实现规模化增长后，往往会开始通过广告费、抽成等方式来分商家的利润，让商家的利润变得越来越薄。

商家为了对抗平台的政策，开始思考如何把客户在自己的圈子内形成闭环，而不被平台收割。于是以有赞、微盟为代表的电商类SaaS（软件即服务，即通过网络提供软件服务）工具应运而生。

那这些平台和工具，究竟该如何选择呢？这里列了一个思考方式，供大家参考。

"一件货卖给一百个人，还是一个人卖给他一百件货？"

仔细思考下自己公司的商业模式，是偏向前者还是偏向后者：前者以流量为王，以不断获取新流量为重点，上新频率低，SKU（库存量单位）可以很少；后者则以社交或品牌关系为主，以讲究深入建立信任关系为重点，SKU 多，或者复购率高。如果是前者，去平台里获取新流量是最核心的事情；如果是后者，维护住老客群，通过一些电商工具将私域流量变现则显得更合适。当然也有两种模式结合在一起的，那么就需要两者都做。

11.3.2　主流电商 SaaS 的功能介绍

过去电商行业快速增长，其成长期红利使得商家不用过于精细运营也能轻松获客，这一阶段的电商服务也更偏综合，往往是店铺一站式、全面管理。但随着商家间逐渐进入存量市场竞争，向精细化运营要红利成为主要抓手。对电商 SaaS 来说，如何分层次地服务好不同规模、行业的商家，如何更专业地服务好不同垂直场景（如消费者营销、直播运营、短视频制作等），辅助商家从激烈竞争中脱颖而出，是此后的重要课题。

1. 不同类型的商家，对电商 SaaS 的需求不同

（1）初创型的商家往往数量最多，这类商家的未来不确定性较大，淘汰率高，对于电商经营缺乏经验尚处于摸索阶段。其对产品需求较为简单和基础，主要是开店必备功能，如商品管理、物流服务等，其中实现单品的破零、打爆是这阶段最核心的诉求。通常，该类商家预算有限，需要关注 SaaS 产品的价格。

（2）生存发展起来的中层级商家，基本已具备较为稳定的业务模式和独特的竞争优势，或长于商品创新，或长于高效获客，或长于营销活动等。这类商家对电商 SaaS 产品形成了一定黏性，但受限于自身规模投入预算有限，因此，对性价比较高的垂直领域 SaaS 产品（如货品管理、内容营销、供应链管理等）表现出较高的需求，需要对产品服务专业度提出更高的要求。

（3）头部的成熟型商家和品牌型商家，在资金预算、获客渠道、货品供应管理等方面具备明显的竞争优势。希望通过专业性更强的 SaaS 产品全面增强经营效率、提升盈利能力，而且这类商家往往专业团队分工明确，产品实际用户专业能力强，这对产品的专业性、灵活性提出更高要求。

此外，随着电商生意的快速增长，许多品牌不再仅将电商作为补充性的销货渠道，而将其作为战略级业务布局，商家内部自建系统而非重度依赖外部，SaaS 成为更符合战略意义的方式。因此，对于大型商家选择 SaaS 服务时，还需要考虑该 SaaS 工具与其他系统灵活对接的问题。

除了商家规模体量导致的服务差异，不同行业特性同样会影响电商 SaaS 服务功能，商家在选择 SaaS 工具时，要多方面综合考虑。

2. 以有赞、微盟为代表的电商类 SaaS 工具的服务功能

（1）搭建线上商城。如果自己建立一套网站，开发成本高且还不一定能成功。而有赞、微盟是专门做这些的，建站操作十分简单，界面用习惯之后，很容易上手；而且它有比较好的应用市场，里面还有一些第三方商家入驻，有需要的可以找专业的设计团队帮助，也可以在一些设计生成的网站自己搞定。

（2）运营工具。日常的会员体系搭建，营销的插件，如团购、发券、秒杀、砍价等，还有裂变分销员卖货，工具非常多，但具体效果就要靠商家日常自己花心思去运营了。

（3）商品供应链。电商大多是实体经济，对于采购、SKU 管理库存等供应链环节有着极高的要求，采用供应链 SaaS 工具会事半功倍。你也可以自己享有货物的供应链，或者选择让有赞、微盟里面分销的供应商给你供货，货品很多，但价格稍微贵，利润空间不太大，但胜在简单，可以一键铺货到自己店里。

11.4 选择合适的 CRM 客户关系管理系统

成熟的企业通常会用客户关系管理（Customer Relationship Management，CRM）技术来管理企业与客户之间的关系，CRM 可以为企业提供全方位的管理视角，赋予企业更完善的客户交流能力，最大化客户的收益率。此外，企业销售流动率高是共识，CRM 系统有利于客户信息留存，万一有员工离职可以将客户信息转移给其他员工，如此，企业才不会因为客户信息流失而发生损失。

1.CRM 是一项营商策略，通过选择和管理客户达至最大的长期价值

CRM 需要用以客户为中心的营商哲学和文化来支持有效的市场推广、营销和服务过程。企业只要具备了合适的领导、策略和文化，应用 CRM 可促成具效益的客户关系管理。

2.CRM 是关于发展和推广营商策略及支持科技以填补企业在获取、增长和保留客户方面的缺口

CRM 可以为企业改善资产回报，在此，资产是指客户和潜在客户基础。

3.CRM 是信息行业用语，是指有助于企业有组织性地管理客户关系的方法、软件以至互联网设施，例如，企业建造一个客户数据库充分描述关系

管理层、营业员、服务供应人员甚至客户均可获得信息，提供合乎客户需要的产品和服务，提醒客户服务要求并可获知客户选购了其他产品。

4.CRM 是一种基于 internet 的应用系统

它通过对企业业务流程的重组来整合用户信息资源，以更有效的方法来管理客户关系，在企业内部实现信息和资源的共享，从而降低企业运营成本，为客户提供更经济、快捷、周到的产品和服务，保持和吸引更多的客户，以求最终达到企业利润最大化的目的。

5.CRM 是一种旨在改善企业与客户关系的新型管理机制

CRM 是一项企业经营战略，企业据此赢得客户，并且留住客户，让客户满意。通过技术手段增强客户关系，并进而创造价值，最终提高利润增长的上限和底线，是客户关系管理的焦点问题。当然 CRM 系统是否能够真正发挥其应用的功效，还取决于企业是否真正理解了"以客户为中心"的 CRM 理念，这一理念是否贯彻到了企业的业务流程中，是否真正提高了用户满意度等。

6.CRM 是企业为提高核心竞争力，达到竞争制胜，快速成长的目的

树立以客户为中心的发展战略，并在此基础上展开的包括判断、选择、争取、发展和保持客户所需的全部商业过程 CRM 是企业以客户关系为重点，通过开展系统化的客户研究，通过优化企业组织体系和业务流程，提高客户满意度和忠诚度，提高企业效率和利润水平的工作实践。同时，CRM 是企业在不断改进与客户关系的全部业务流程，最终实现电子化、自动化运营目标的过程中，所创造并使用的先进的信息技术、软硬件和优化管理方法、解决方案的总和。

7.CRM 的主要含义就是通过对客户详细资料的深入分析，来提高客户满意程度，从而提高企业的竞争力的一种手段

客户关系是指围绕客户生命周期发生、发展的信息归集。客户关系管理的核心是客户价值管理，通过一对一的营销原则，满足不同价值客户的个性化需求，提高客户忠诚度和保有率，实现客户价值持续贡献，从而全面提升企业盈利能力。因此，它不仅是一个软件，而且是方法论、软件和 IT 能力的综合，是商业策略。

在了解完 CRM 是什么之后，那么 CRM 到底有哪些功能呢？

CRM 软件的基本功能包括客户管理、联系人管理、时间管理、潜在客户管理、

销售管理、电话销售、营销管理、电话营销、客户服务等，有的软件还包括了呼叫中心、合作伙伴关系管理、商业智能、知识管理、电子商务等（见图11-1）。

系统接入层	电脑	固话	手机	平板	邮件	传真	社交网络
业务应用层	基础资料 ·客户管理 ·联系人管理 ·权限管理 ·组织树管理 ·文档管理 ·对手管理 ·产品管理	营销管理 ·活动策划 ·活动准备 ·活动执行 ·营销计划 ·电子营销 ·客户细分 ·会员管理	销售管理 ·线索管理 ·机会管理 ·行为管理 ·销售计划 ·销售预测 ·报价管理 ·订单管理	服务管理 ·服务单管理 ·服务合同 ·服务报价 ·服务库存 ·呼叫中心 ·客户回访 ·服务报告	决策支持 ·客户分析 ·产品分析 ·对手分析 ·营销分析 ·销售分析 ·服务分析 ·统计报表		
配置开发层	JavaScript SDK、Net SDK、Web Designer						
系统平台层	操作系统、数据库、应用服务器						

图11-1　传统CRM功能框架

国内CRM软件品牌效应比较好，如金蝶、用友的CRM系统基于升级的客户群与强大的市场渗透力，在我国CRM市场上占有比较大的份额。

第十二章
需要掌握的基本法律知识

法律知识对于公司的法人和员工都是至关重要的，知法懂法将会避免很多相关法律事故的发生。下面就从四个不同的方面来介绍开公司需要了解的法律知识。

12.1　正确使用公司五大印章

公司五大印章的概念详见第二章第二节公司注册的流程。

《中华人民共和国刑法》第二百八十条第一款明确规定：伪造、变造、买卖或者盗窃、抢夺、毁灭国家机关的公文、证件、印章的，处三年以下有期徒刑、拘役、管制或者剥夺政治权利，并处罚金；情节严重的，处三年以上十年以下有期徒刑，并处罚金。

如果确属印章被盗（抢），则因该印章的使用而发生的纠纷，企业不承担责任。

第一，因为公章在公安机关有备案，所以丢失后第一步应该由法人代表携带身份证原件及复印件、工商营业执照副本原件及复印件到丢失地点辖区派出所报案，领取报案证明。

第二，要让公众知晓你丢失的公章已经作废，所以公章丢失后的第二个步骤就是持报案证明原件及复印件、工商营业执照副本原件及复印件在市级以上每日公开发行的报纸上做登报声明，声明公章作废，报纸会在第二天刊登。每个地方规定不同，可询问当地市场监督管理局需要在哪个报纸登报声明。

需要注意的是，大部分报社都会要求公司全体股东到场签署同意登报声明，才会许可予以登报，这也为许多公司的公章遗失补办设置了一定障碍。

第三，应该持以下文件到公安局治安科办理新刻印章备案。需要"营业执照"

第十二章　需要掌握的基本法律知识 | 213

副本复印件、法定代表人身份证复印件两份、企业出具的刻章证明、法人委托授权书、所有股东身份证复印件各一份、股东证或者市场监督管理局打印的股东名册、派出所报案回执及登报声明的复印件。

第四，办理好新刻印章登记后，就可以在公安局治安科的指导下新刻印章了，新刻的印章需要与之前丢失的印章有不同，些许不同也可以。

第五，持以上办理的材料到印章店刻一个新的印章。

12.2　对外宣传前先学习广告法

"创办一年，成交量遥遥领先。"很多人都听过这句广告语。但就是因为这句广告语，瓜子二手车被罚款1250万元。

这句广告语的起始时间是2015年8月至2016年9月，当时瓜子二手车成交量85874辆。而北京市旧机动车交易市场有限公司，同期交易量为442878辆，人人车为92375辆，也就是说，瓜子二手车并没有"遥遥领先"，广告语与实际严重不符，涉嫌违反《中华人民共和国广告法》。

因此，企业宣传文案在发布之前，一定要三思而后行，千万不要为了在市场中脱颖而出，而违背了广告法。

尽管新广告法从2015年到现在已经实行多年了，但依旧有不少运营者不了解具体规定，在违法的边缘试探。作为公民，要知法懂法，而作为企业负责人，更要熟悉广告法。

2015年新《中华人民共和国广告法》颁布，2018年重新修订，条款中规定了广告中不得出现的情形。我们整理了新广告法颁布后的一些禁忌词，方便大家理解。

1. 表示权威性的禁忌词

（1）国家×××领导人推荐，国家××机关推荐，国家××机关专供、特供等借国家、国家机关工作人员名称进行宣传的用语。

（2）质量免检、无须国家质量检测、免抽检等宣称质量无须检测的用语。

（3）人民币图样（央行批准的除外）。

（4）老字号、中国驰名商标、特供、专供等词语。

2. 包含"首/家/国"及相关词语

首个、首选、全球首发、全国首家、全网首发、首款、首家、独家、独家配方、全国销量冠军、国家级产品、国家（国家免检）、国家领导人、填补国内空白等用语。

3. 包含"最"及相关词语

最、最佳、最具、最爱、最赚、最优、最先进、最优秀、最好、最大、最大程度、最高、最高级、最高档、最奢侈、最低、最低级、最低价、最底、最便宜、时尚最低价、最流行、最受欢迎、最时尚、最聚拢、最符合、最舒适、最先、最先进、最先进科学、最先进加工工艺、最先享受、最后、最后一波、最新、最新科技、最新科学等含义相同或近似的绝对化用语。

4. 包含"一"及相关词语

第一、中国第一、全网第一、销量第一、排名第一、唯一、第一品牌、NO.1、TOP1、独一无二、全国第一、一流、一天、仅此一次（一款）、最后一波、全国×大品牌之一等用语。

5. 包含"级/极"及相关词语

国家级（相关单位颁发的除外）、全球级、宇宙级、世界级、顶级（顶尖/尖端）、顶级工艺、顶级享受、极品、极佳（绝佳/绝对）、终极、极致等用语。

6. 表示品牌地位的相关词语

王牌、领袖品牌、世界领先、遥遥领先、领导者、缔造者、创领品牌、领先上市、至尊、巅峰、领袖、之王、王者、冠军、地王、楼王等用语。

7. 表示绝对、极限且无法考证的词语

绝对值、绝对、大牌、精确、超赚、领导品牌、领先上市、巨星、著名、奢侈、世界/全国×大品牌之一、世界级、金牌、名牌、优秀、世界领先、顶级工艺、王牌、销量冠军、极致、永久、王牌、掌门人、领袖品牌、绝无仅有、史无前例、万能、100%、国际品质、高档、正品等虚假或无法判断真伪的夸张性表述词语。

8. 迷信用语

带来好运气、增强第六感、化解小人、增加事业运、招财进宝、健康富贵、提升运气、有助事业、护身、平衡正负能量、消除精神压力、调和气压、逢凶化吉、时来运转、万事亨通、旺人、旺财、助吉避凶、转富招福等迷信色彩的用语。

9. 打色情擦边球的用语

零距离接触、余温、余香、身体器官描述等违背社会良好风尚的色情暗示词语。

10. 虚假内容相关词语

史无前例、前无古人、永久、万能、祖传、特效、无敌、纯天然等无法提供证明的虚假宣传词语。

11. 涉嫌欺诈消费者的表述

点击领奖、恭喜获奖、全民免单、点击有惊喜、点击获取、点击转身、点击试穿、点击翻转、领取奖品、非转基因更安全等涉嫌诱导消费者的表述。

12. 激发消费者抢购心理的表述

秒杀、抢爆、再不抢就没了、不会再便宜了、错过就没机会了、万人疯抢、抢疯了、售罄、售空、史上最低价、错过不再/错过即无、全民疯抢/抢购、免费领、0首付、零距离、价格你来定等激发抢购心理的词语。

13. 限定时间的表述

限时须有具体时限,所有团购须标明具体活动日期,如今日、今天、几天几夜、倒计时、趁现在、就、仅限、周末、周年庆、特惠趴、购物大趴、闪购、品牌团、精品团、单品团。严禁使用随时结束、仅此一次、随时涨价、马上降价、最后

一波等无法确定时限的词语。

14. 普通商品包含疑似医疗用语

全面调整人体内分泌平衡、增强或提高免疫力、助眠、失眠、滋阴补阳、壮阳。

消炎、可促进新陈代谢、减少红血丝、产生优化细胞结构、修复受损肌肤、治愈（治愈系除外）、抗炎、活血、解毒。

减肥、清热解毒、清热祛湿、治疗、除菌、杀菌、抗菌、灭菌、防菌、消毒、排毒。

防敏、柔敏、舒敏、缓敏、脱敏、抗敏、褪敏、改善敏感肌肤、改善过敏现象、降低肌肤敏感度。

镇定、镇静、理气、行气、活血、生肌、补血、安神、养脑、益气、通脉。

胃胀蠕动、利尿、驱寒解毒、调节内分泌、延缓更年期、补肾、祛风、生发。

防癌、抗癌。

祛疤、降血压、防治高血压、治疗。

改善内分泌、平衡荷尔蒙、防止卵巢及子宫的功能紊乱、去除体内毒素、吸附铅汞。

除湿、润燥、治疗腋臭、治疗体臭、治疗阴臭。

美容治疗、消除斑点、斑立净、无斑、治疗斑秃、逐层减退多种色斑、妊娠纹。

毛发新生、毛发再生、生黑发、止脱、生发止脱、脂溢性脱发、病变性脱发、毛囊激活、酒糟鼻、伤口愈合清除毒素。

缓解痉挛抽搐、减轻或缓解疾病症状、处方、药方、经××例临床观察具有明显效果。

丘疹、脓疱、手癣、甲癣、体癣、头癣、股癣、脚癣、脚气、鹅掌癣、花斑癣、牛皮癣、传染性湿疹。

伤风感冒、经痛、肌痛、头痛、腹痛、便秘、哮喘、支气管炎、消化不良。

刀伤、烧伤、烫伤、疮痈、毛囊炎、皮肤感染、皮肤面部痉挛等疾病名称或症状。

细菌、真菌、念珠菌、糠秕孢子菌、厌氧菌、芽孢菌、痤疮、毛囊寄生虫等微生物名称。

雌性激素、雄性激素、荷尔蒙、抗生素、激素。

药物、中草药、中枢神经。

细胞再生、细胞增殖和分化、免疫力、患处、疤痕、关节痛、冻疮、冻伤。

皮肤细胞间的氧气交换、红肿、淋巴液、毛细血管、淋巴毒等。

其他涉及疾病治疗功能、疾病名称的医疗用语。

15. 医疗广告违禁词（包括医院、药品、医疗器械）

当天就见效、××天从根好、治愈率为×××%、轻松告别、都治好、延长生命、医疗水平最高、更安全、恢复快、零事故、零担忧、完全清除、一次性治愈不复发、无一人复发、全部康复、彻底消除、显著改善等对医疗效果做出保证性承诺的词语。

未标明"请按药品说明书或者在药师指导下购买和使用"字样。

16. 化妆品广告违禁词

特效、高效、全效、强效、速效、速白、一洗白、××天见效、××周期见效、超强、激活、全方位、全面、安全、无毒、溶脂、吸脂、燃烧脂肪、瘦身、瘦脸、瘦腿、减肥、延年益寿、提高（保护）记忆力、提高肌肤抗刺激、消除、清除、化解死细胞、去（祛）除皱纹、平皱、修复断裂弹性（力）纤维、止脱、采用新型着色机理永不褪色、迅速修复受紫外线伤害的肌肤、更新肌肤、破坏黑色素细胞、阻断（阻碍）黑色素的形成、丰乳、丰胸、使乳房丰满、预防乳房松弛下垂（美乳、健美类化妆品除外）、改善（促进）睡眠、舒眠等。

17. 房地产广告违禁词

收益稳健、保证升值、无忧保障、稳定收益、即买即收租金、升值价值、价值洼地、价值天成、投资回报、众筹、抄涨、炒股不如买房、升值潜力无限、买到即赚到等对升值或者投资回报的承诺性词语。

××分钟可达火车站/机场/高速、仅需××分钟等以项目到达某一具体参照物的所需时间表示项目位置的词语。

一河一岛五公园、两河一湖四公园、××医院规划建设中、××城轨交通规划中、××文化馆/体育馆/学校规划建设中、×××学校近在咫尺、升学无忧、教育护航、九年制教育、一站式教育、入住学区房、优先入学、12年教育无忧、让孩子赢在起跑线上等误导消费的词语。

其他对规划或者建设中的交通、商业、文化教育设施以及其他市政条件作误导宣传的词语。

18. 教育培训广告违禁词

记忆效率提升百倍、成绩飞跃、过目不忘、7天记住永不忘、通过率××%、高分王者、名列前茅、缔造传奇、百分百高薪就业、国家承认等，对培训效果、获得学位学历等作出保证性承诺的词语。

命题专家联手、圈定考试范围、通往北大/清华的金钥匙等暗示有考试命题人员参与培训的词语。

19. 金融广告违禁词

100%本息保障、100%胜率、×%~×%年化收益率、无风险、保值增值、本息安心、稳赚、最专业、最安全等对未来收益作出保证性承诺的词语。

应当对可能存在的风险以及风险责任承担有合理提示或者警示。

20. 虚假宣传专利技术

未取得专利权的，不得在广告中谎称取得专利权。禁止使用未授予专利权的专利申请和已经终止、撤销、无效的专利做广告。

广告，就是为了宣传产品，广而告之，所以提炼产品卖点，抓住消费者心理，利用营销手段将产品或服务卖出去，这些都无可厚非，这也是每一个广告人每天都在做的事。

广告虽然需要创意，但也需要在合法的范围内进行，毕竟创意虽好，如果过不了审查，甚至因为触犯法律而被罚，那就得不偿失了。

12.3　与人合作要有法律意识

12.3.1　签订合同要仔细查看合同条款

在合作之前,双方需要签订一份合同来保障双方的合理权益和利益。如果审查不仔细、漏掉关键信息,可能为后面履约埋下隐患。以下三点是企业一定要仔细查看的合同条款:

(1)签约主体;

(2)权利与义务;

(3)违约责任。

【案例说法】

能源公司与光能公司签订一份采购合同,约定能源公司向光能公司购买太阳能组件,交付时间分别为2019年1季度、2季度,合同总金额为6120000元,能源公司已支付货款1836000元。合同签订后,因合同中存在部分笔误双方发生分歧。能源公司后向光能公司发出《解除合同通知函》,要求解除合同、返还已付货款并承担违约责任。

合同约定违约金数额为总金额的20%，并承担胜诉方律师费。

判决结果如下：①被告苏州某光能有限公司于本判决生效之日起十日内返还原告常州某能源工程有限公司预付款1836000元、支付违约金1224000元，合计3060000元。②被告苏州某光能有限公司于本判决生效之日起十日内支付原告常州某能源工程有限公司聘请律师费140000元。③案件受理费32400元，保全费5000元，反诉案件受理费13800元，合计51200元，由光能公司负担。

（资料来源：企法宝．纠纷真实案例分析.https://www.sohu.com/a/409980733_120707058）

在签订合同时，要注意合同文字、权利与义务、约定律师费、违约金、利息等。

12.3.2 养成留存证据的好习惯

在经济往来中，当事人之间经常使用口头、电话等方式进行沟通，法律意识比较薄弱，一旦在合同履行中出现问题涉及诉讼，举证就很困难。因此，在合同履行过程中，应当培养保留证据的意识，常见的证据包括但不限于以下六种：

（1）合同；

（2）快递单；

（3）邮件；

（4）微信聊天记录；

（5）通话录音；

（6）传真。

我国民事诉讼中最重要的举证原则就是"谁主张，谁举证"，即当事人对自己提出的诉讼请求所依据的事实或者反驳对方诉讼请求所依据的事实，应当提供证据加以证明，不能提供的将承担败诉的风险。因此，当事人在履行合同过程中，各种证据资料都要及时保存，以避免日后发生合同纠纷时因证据不足致使自己处于劣势。

12.4　如何处理法律诉讼

12.4.1　被别人起诉了怎么办

1. 出现任何问题后都不要逃避，一定要积极应诉

《中华人民共和国民事诉讼法》第一百二十五条规定：人民法院应当在立案之日起五日内将起诉状副本发送被告，被告应当在收到之日起十五日内提出答辩状。答辩状应当记明被告的姓名、性别、年龄、民族、职业、工作单位、住所、联系方式；法人或者其他组织的名称、住所和法定代表人或者主要负责人的姓名、职务、联系方式。人民法院应当在收到答辩状之日起五日内将答辩状副本发送原告。

因此，要针对原告的诉请，积极拟划答辩状，也可以在答辩状中加入反诉的诉请，若原告败诉，令其赔偿自己在准备答辩及参加庭审过程中的经济损失。网上都有答辩状的模板，可以选一份较为正规的，并针对对方的诉请及证据，在答辩期内向法院提交对自己有利的或能反驳对方诉请的证据。

《中华人民共和国民事诉讼法》第一百四十三条规定：原告经传票传唤，无正当理由拒不到庭的，或者未经法庭许可中途退庭的，可以按撤诉处理；被告反诉的，可以缺席判决。

第一百四十四条规定：被告经传票传唤，无正当理由拒不到庭的，或者未经法庭许可中途退庭的，可以缺席判决。

但是被告是必须到庭的，可以拘传。如果传票送达不出庭的，法官可以缺席审判，必须出庭而不出庭的，法院可以拘传。开庭过程中，法官会全面审查案情，双方当事人可以充分举证，质证，发表辩论意见。

因此，一定要积极应诉，如果不应诉就相当于放弃答辩权利，不利于法官查清事实，更有可能会承担不利法律后果。同时，还是要认真准备答辩，按期参加庭审，维护自己的合法权益。

2. 根据情况判断是否需要请一名律师

其实，并不是所有的案件都需要请律师，对于案情简单、金额较小的案件，可以通过适当的学习之后自行参加庭审，而且在立案、庭审的过程中往往有法院、仲裁委的工作人员进行辅助，给予流程上的指引。但是当事人在这个过程中往往需要付出一定的学习成本，如多次往返法院、多次线上查询调研等。只要肯付出时间与精力，就可以不请律师。

而对于案情较复杂、争议金额较大的案件，可以考虑聘请专业律师来代理。

虽然中国是成文法国家，但是在司法实践的过程中，在诉讼、庭审过程中逐渐形成了一套与法律匹配的规则，包括诉讼请求的提出、证据的提交、举证责任的分配、如何进行调解等方面，都有一些约定俗成的做法。比如，举证责任的分配问题，虽然中国法律中的举证原则是"谁主张，谁举证"，对于部分举证责任倒置的案件也进行了规定，但是即便如此，在庭审中举证责任的分配也往往会成为案件的争议焦点。如果当事人简单地认为"谁主张，谁举证"是理所当然的，而忽略了在法庭辩论的过程中明确对方的举证责任，法官在判决时又重视实际情况而忽略了举证责任，这也是导致败诉的一个常见的原因。再比如，如何应对法官调解这个问题，由于中国法庭的调解倾向比较明显，当事人在一知半解的情况下，很可能相信法官的说法，最终以比较大的让步达成调解，损害了自身的权益。

这些案件如果有专业律师的参与，至少能从专业的视角帮你把关，争取最大化的合法利益。

12.4.2 如何起诉别人

1. 在起诉之前，先想想是否有其他法律手段

诉讼是耗时耗力的事情，一场诉讼，短则几个月，长则一两年。即使最终胜诉，也有可能面临无法执行的风险。因此诉讼是最后一个手段，可以在保留这个手段的同时，先想想是否有其他手段。比如，发一封律师函。律师函被称为"合法的恐吓信"，即以专业律师的名义，通过法律语言，陈述事实和诉求。通过挂号信的方式发送给对方，可以成为在诉讼之前的轻量级维权方式。如果对方收到律师函后无动于衷，置若罔闻，再考虑起诉也不迟。

2. 法律诉讼的条件及风险

法律诉讼的条件如下：

（1）原告是与本案有直接利害关系的公民、法人和其他组织。

（2）有明确的被告。

（3）有具体的诉讼请求和事实、理由。

（4）属于人民法院受理民事诉讼的范围和受诉人民法院管辖。

法律诉讼的风险如下：

（1）打官司存在较长的审理过程，既有第一审、第二审，也有可能发生再审。

（2）官司的事实简单、是非曲直清楚、诉讼策略得当，那你的官司可以"速战速决"。官司的事实复杂、法律适用困难、诉讼各方的争议严重对立，那你必须做好进行"持久战"的心理准备，需要花费较长的时间来应对。

（3）一个官司的胜败，与多方面因素有关：证据上的、法律适用上的、律师诉讼技能上的、法官审判水平上的、官司的影响性和敏感性上的、法律之外的其他社会原因上的。同时，法院内部的审理程序，分别由承办法官、合议庭、院领导、审委会甚至上级法院层层把关，集体讨论决定。

（4）选择委托律师提供诉讼服务，你需要支付的经济成本包括律师代理费、法院诉讼费用（法院收取）。法院诉讼费按诉讼请求金额的百分比来收取，你需要一次性事先预交该笔费用（如法律关系简单，证据相对充分，采用简易程序的会减半收取）。如你的官司败诉，这笔预交的费用将由你自己买单，可能的情况下，还会产生鉴定费、财产保全申请费以及提供财产担保或担保保险费。

3. 法律诉讼的准备工作

（1）准备好诉讼材料

先确定好管辖的法院，准备好立案的材料。再确定一个问题，你的被告是谁？

被告存在两种情况，个人与公司。

如果被告属于个人，你需要清楚了解对方的姓名、年龄、民族、住址等基本情况。

如果被告属于公司、企业或者个体户，你就需要详细了解该单位的相关工商登记信息，这些信息包括名称、负责人、法人、注册地址或办公地址、联系方式等。

（2）写诉状

上一步做完之后，被告的基本情况你应该已经清楚掌握了，下一步你就要开始写民事诉讼状，这一步是相当重要的。

首先，起诉状格式一定要正确，因为这个格式将影响到法院是否立案。

其次，被告一定要填写正确。不要遗漏其他被告，因为这将影响到责任的承担主体和执行能力问题。

再次，诉讼的请求和理由一定要得当，因为这将直接影响到该案件的胜与败。

最后，你必须有一定的证据和法律规定来支持你这个诉状的理由。

（3）诉状打印份数

诉状的打印份数也是有要求的，你要根据被告的人数来确定打印份数。

例如：1个被告，你就需要提交2份诉状到法院；2个被告，你就需要提交3份诉状到法院，依此类推。

4.提交诉状和证据后的费用缴纳

以上所说的都准备就绪后，你就可以向法院立案庭提交诉讼状、证据以及原告的身份证复印件。

法院受理后，将会给你发送交费通知书。这时候你需要拿着交费通知书去缴纳诉讼费，然后你的案件就算正式受理了。

法院安排好日期后就会给你发传票，传票上会标注开庭的日期、时间和地点，当然还包括庭审的审判员和书记员。

双方提交证据和书面答辩的阶段，可以委托律师前去查阅对方提交的证据和答辩状，为开庭做准备。

收到起诉副本之日起15日内提出异议：

·管辖权异议是指当事人觉得人民法院没有管辖权，可以向人民法院提出异议书面请求；

·申请鉴定确认某些证据效力的一种方法，应当在举证期限内提出。

5.庭审阶段

你要牢记开庭的时间，不要迟到。因为迟到会被法院认为你自动放弃权利，最终会以撤诉来进行处理。

到达法庭后，法官的书记员会核实你们双方的身份信息，然后进入庭审阶段。

开庭的时候，法官会先问你要不要申请法官回避？其中就涉及法官和被告是否存在亲密关系。

法官宣布正式开庭。原告需要先读诉讼状，如果和立案时提交的起诉书一致，则不用当庭宣读，然后法官询问诉讼请求，就起诉书中提及的问题询问原告，接着被告进行答辩，法官询问被告。

原告和被告都需要提交自己的相关证据，双方需要根据自己提交的证据对对方证据进行质证，这一步在庭审时是超级关键的一步。

你一定要仔细听清对方说的每一句话，对所有对方的证据的真实性、关联性以及合法性进行仔细的质证。

而对方不能让你确信的证据你一定不要认可。一旦你认可了对方的证据，书记员将会记录在案，之后再想反悔就来不及了。

证据质辩结束之后，双方进行辩论。通常双方辩论每人会有1~2次机会。

最后，书记员整理好庭审笔录，交由双方当事人签字。如果双方还有证据要提供，或者法官觉得有些情况还需查清楚，可以延期审理。双方等待下一次开庭时间，对于一些需要法院去调取的证据，可以提交调取证据申请书。

双方辩论阶段结束后法官都会问双方需不需要进行调解。如果双方都同意调解，那么法官会进行调解。

调解形式分两种，即面对面调解、背对背调解。

最终如果调解不成功的，法官就会宣布当即休庭，择日宣判。

6. 拿到判决书后你要做的

你拿到判决书后，如果对判决结果不认同，则需要在法定的期限内提起上诉。

这时你要结合一审判决，还有实际情况写诉状并提交给审判官，这个审判官会将你的一审资料提交给二审法院。当然有一些地区也是可以直接去上诉二审法院立案的。

其中有一个重要的费用需要你按时缴纳，就是我们所说的诉讼费，诉讼费的缴纳时间一旦错过就无法进行上诉。诉讼费的缴纳时间和如何缴纳的方法会在你的判决书的末尾处标明。如果你错过了这个时间，法院会认为你是撤回上诉。

7. 什么情况会进入执行程序

如果你们双方都不想上诉，但是对方又不愿意赔偿损失给你，你就要向法院立案申请执行。

8. 对判决有异议怎么办

如果你对已经生效的判决依然不服，可以申请申诉并提交本院或上一级人民法院。

第十三章
公司的变更与注销

公司一旦创立,难免会遇到变更与注销,下面就详细讲述一下关于公司变更与注销应该注意的事项,以及遇到问题需要如何解决。

13.1　公司变更

13.1.1　各种类型的工商变更

公司成立一段时间后，可能会遇到一些变化，需要进行工商变更。以下列举了几种最常见的工商变更场景。

1. 新股东加入

公司发展过程中，可能会引入外部投资或重要的合伙人，需要给予对方股份，一般该如何处理呢？

（1）对于引入投资的情况，创始人需要转让一部分公司股份给投资人。有两种做法：一种是直接进行股权转让，在不增加注册资本的前提下，将创始人的股份转让给新加入的股东；另一种是通过增资实现股权转让。通常情况下，增资会比股权转让节省时间和费用。

（2）对于股份较小，或暂时还不确定是否可以长期合作的合伙人，初期可以以股权激励的形式约定一定期限的得权期（通常是2~4年），等得权期结束后再做工商变更。关于股权授予及股权行权的具体内容，在第九章第二节股权激励已经详细介绍了。

2. 换办公室

随着公司的发展，加入公司的伙伴越来越多，将会准备重新租间更大的办公室，在人员搬过去之后，需要将公司营业执照上的注册地址变更，否则，在有些地区可能会被市场监管部门罚款。

在变更注册地址时，同区的变更比跨区的变更容易，在换办公室时可以考虑一下这个因素。

另外，注册地址变更不仅涉及工商层面，在工商变更完成后，也需要去银行与人力资源和社会保障局进行变更。如果商标证书、ICP证等资质证书上列明注册地址的，需要将相应地址变更（见表13-1）。

表13-1 各类型适用情况

类型	适用情况	备注
注册地址	随着公司的发展，加入公司的伙伴越来越多，将会准备重新租间更大的办公室，在人员搬过去之后，需要将公司营业执照上的注册地址变更，否则，在有些地区可能会被市场监管部门罚款	地址同区变更比跨区变更要容易。除了工商变更之外，也需要去银行与人力资源和社会保障局进行变更。如果商标证书、ICP证等资质证书上列明注册地址的，需要将相应地址变更
公司名称	公司成立满一年后，就可以变更公司名称	变更完公司名称时，需要在银行、税务、社保等部门也进行相应的变更。如果有商标证书，也需要进行变更
注册资本	当公司因为融资、股东增减等情况，打算增加或减少注册资本时，应该及时在市场监督管理局进行变更	减资比增资办理难，减资还需要登报公示等手续，办理周期较长
股东	当公司因为融资、股权激励、股东退出等情况，增加或减少股东时，就会使公司的股东结构发生变化，需要去市场监管和税务部门变更	股权转让的难点在税务环节，关键是看股权是否被评估为溢价转让，如果是溢价转让，则需要缴纳20%个税
经营范围	当公司拓展新业务或者调整业务领域，就要及时去市场监管部门变更经营范围	新增经营范围，如果涉及资质审批时，需要及时申请相关资质

续表

类型	适用情况	备注
公司高管	如果有董事、法人、监事、经理等发生变动，要及时去市场监管部门进行变更	这一项在实际经营中很容易被忽视，尤其是监事岗位的变更

13.1.2 股权转让及可能涉及的税务问题

在股权转让过程中，并不是签订了股权转让合同就成功了，因为股权转让合同生效并不等于股权转让的生效，还需要进行税务变更和工商变更，涉及法人变更的，还需要进行法人变更及法人公章刻印，有些公司还要进行公司章程变更、股东名册变更（见图13-1）。

1. 股权转让的流程

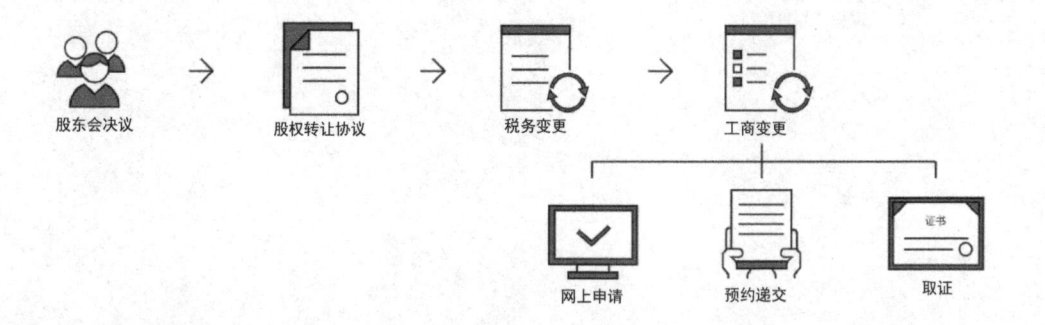

图13-1 股权转让的流程

2. 股权转让时，涉及的个税问题

在股权转让过程中，税务变更时需要请税务局开完税证明，包括个人所得税、企业所得税、印花税，其中个人所得税的税负较重。股权受让人（新股东）在向转让人（原自然人股东）支付股权转让款项时有代扣代缴个人所得税的义务，税率为20%。

在股权转让时，以下四种情形不用交个税：

（1）所投资企业连续三年以上（含三年）亏损；

（2）因国家政策调整而低价转让股权；

（3）直系亲属之间转让：即将股权转让给配偶、父母、子女、祖父母、外祖父母、孙子女、外孙子女、兄弟姐妹以及对转让人承担直接抚养或者赡养义务的抚养人或者赡养人；

（4）经主管税务机关认定的其他合理情形。

13.2 公司注销

13.2.1 注销 vs 吊销

创业维艰，每个人都希望通过创业走上人生巅峰，但最终成功的毕竟是少数。如果创业不成，想要退出"江湖"时，面对注销和吊销，该如何选择呢？公司注销与吊销的区别如下（见表13-2）。

表13-2 公司注销与吊销的区别

	公司注销	公司吊销
适用情况	股东或法人主动申请注销	公司出现以下情况，将面临被市场监管部门吊销营业执照的风险：1.虚假注册；2.无故不开业或停业；3.不申请注销；4.逃避年检；5.滥用执照；6.非法经营

续表

	公司注销	公司吊销
后果	公司注销后，就相当于公司的正常结束，对法人和股东后续没有任何影响	营业执照一旦被吊销，不仅公司本身，连同其法定代表人均会进入企业信用黑名单。法人和股东将会受到以下影响：1.公司不注销，放任不管，企业将被纳入工商异常经营名单、税务黑名单；2.纳入异常经营名单后依然不处理，将会被吊销；3.工商异常，法人将不能担任新公司的法人；4.税务黑名单，欠缴税行为，法人、高管、股东想在新公司担任股东、高管，需要先处理税务问题；5.进入诚信黑名单后，法人、股东将无法出国、无法在高档场所消费；6.法人、股东将无法乘坐高铁、飞机；7.法人、股东将无法办理移民；8.法人、股东将无法贷款

因此，当公司不打算经营时，要及时进行注销，如果不幸被市场监管部门吊销了营业执照，也要走正常的公司注销流程。

13.2.2 公司注销的流程

如果一个公司宣告破产，或者被其他公司收购、公司章程规定营业期限届满、公司内部分立解散，或者由于一些业务经营方式不规范被依法责令关闭，创业者都可以申请注销公司。

注销公司，分为简易注销和普通注销，下面我们就来看一下两者的区别及注销流程。

1. 简易注销和普通注销的区别

表13-3　普通注销与简易注销区别

	普通注销	简易注销
适用企业	已完成国税或地税报到的企业	未完成国地税报到，且无债权债务
办理周期	6个月起	2~3个月
办理流程	清算、税控缴销、登报、国地税销户、查账、工商注销	注销公告，工商注销

虽然简易注销简化了注销流程、材料和时间，减轻了公司注销的难度，但是简易注销的条件比较苛刻，如果企业不符合简易注销的条件，或者已经浪费了简易注销的机会，就只能选择普通注销了。

2. 普通注销的流程

（1）登报；

（2）缴销税控、发票；

（3）成立清算组，完成清算；

（4）地税注销、国税注销（营业税、增值税在哪个税所交，就先注销哪个）；

（5）工商注销；

（6）银行、公章注销。

/ 结 语 /

在创业这条路上，没有人敢说自己必定成功，但任何一个投身其中的创业者，都会毫不犹豫地说自己将会成功。这不是盲目自信，而是一种深植于创业者骨子里的信仰。

创业的过程，注定荆棘满途、步步皆殇，稍有不慎，再好的局势也有可能满盘皆输。前一瞬还能看到宾客满门，可能转眼间就大厦将倾，人去楼空。

创业不易，但想要实现财务自由，为自己热爱的事业去战斗到底，是一件很燃的事情。每个人心中都有一团火，路过的人只看到烟。坚信总有一天，星星之火，可以燎原。

要相信，创造美好要经历很多考验，如努力、失望以及毅力，这是一个螺旋上升的过程。躺平很舒服也很容易，但那些有价值的事情，都是先有疼痛，然后才能收获欢乐。

尊敬那些敢于打破世俗偏见的人，尊敬那些敢于承担后果的勇气，尊敬那些还在努力坚持的朋友！

创业是一场长跑，我们都还在路上，一起加油！